Dr. med. Max Karner

DR. MERCURIUS' HEILSAME REISE ZUM PLANETEN ERDE

Medizinische Gute-Nacht-Geschichten für Ihr Kind & Sie

nach einer Idee von Rudi Vesely

ecklo

Zu Risiken und Nebenwirkungen fragen Sie ihren Arzt oder Apotheker

Originalausgabe
1. Auflage 2016
© Eckloch Verlag UG
Joseph-Dollinger-Bogen 13
80807 München
info@eckloch.de

Lektorat: Henriette Jabbour und Renate Blaes
Covergestaltung und Illustrationen: Jessica Schäfer
Umschlaggestaltung und Satz: Nina Knollhuber
Musik: Cajus, produziert von: Bubu Styles
Download: www.abod-verlag.de/mercurius
Printed in EU

ISBN: 978-3-946357-02-5

Vorwort

Liebe Eltern und Großeltern,
Liebe Kinderfreunde,

oft habe ich mir gewünscht, dass es in der Schule ein Nebenfach für Gesundheitserziehung gäbe. Immer wieder sehe ich Patienten, die lange Zeit Warnsymptome ihres Körpers ignorieren oder sich durch falsche Selbstbehandlungen unnötig in Gefahr bringen.

Bei der Lehre von Gesundheit und Medizin handelt es sich teils um komplexe Sachverhalte, die insbesondere kleineren Kindern schwer zu vermitteln sind. Ich habe mich in den Geschichten über den lindgrünen Außerirdischen namens Mercurius bemüht, diese Themen möglichst einfach darzulegen, ohne sie dabei zu verfälschen. Dazu habe ich hin und wieder auch Gebiete aus anderen wissenschaftlichen Fächern, wie Physik, Astronomie, Geographie, Psychologie und Ethik angeschnitten.

Ich möchte Sie an dieser Stelle ermutigen, die Neugier in Ihrem Kind zu fördern, denn dadurch lernt es am Besten. Fragen Sie das Kind nach dem Vorlesen einer Geschichte, was es nicht verstanden hat und worüber es noch mehr wissen möchte. Vielleicht gibt es auch noch Gefühle, die aufzuarbeiten sind oder Erinnerungen an ähnliche Fälle aus der eigenen oder „uneigenen" Vergangenheit oder Gegenwart.

Meine Motivation die Geschichten zu schreiben, war es - neben dem Spaß, den ich dabei hatte - Kindern Verhaltensweisen aufzuzeigen, die das Leben erleichtern und erhellen können, sowie gesundheitliche Grundkenntnisse zu vermitteln. Aber auch für Eltern sind einige medizinische Tipps eingebaut.

Dabei habe ich die Themen nach besten Wissen und Gewissen erläutert, bitte aber zu berücksichtigen, dass sich Wissen wandelt. Auch kann im Einzelfall eine Erkrankung anders behandelt werden müssen, als in den Geschichten beschrieben. Darum bitte ich sie, im Zweifel einen Arzt oder Spezialisten aufzusuchen. Dieses Buch ersetzt in keiner Weise den Haus- oder Kinderarzt, aber es soll Ihnen helfen besser einzuschätzen, wann, und wie schnell ärztliche Hilfe von Fall zu Fall benötigt wird.

Herzlich bitte ich Sie - nachdem ich letztlich Arzt und nicht Schriftsteller bin - über literarische Unzulänglichkeiten und Mängel großzügig hinwegzusehen.

Und jetzt wünsche ich Ihnen und vor allem den Kindern viel Vergnügen mit Doktor Mercurius!

Ihr Dr. med. Max Karner

INHALT

Wie alles begann

Teil 1 - Eine fixe Idee

Fernab im Weltall kreist ein kleiner Planet namens Merkur. Dort lebte vor längerer Zeit eine kleine Kolonie von Außerirdischen, die eigentlich aus einer fernen Galaxie stammten. Sie waren von dem Planeten Ikarus geflohen, nachdem sie dort viele Jahrhunderte achtlos gelebt hatten. Zuletzt war ihre eigentliche Heimat ein einziger großer Ascheberg gewesen, den eine stinkende Qualmwolke umgab. Daher entschlossen sich die Bewohner von Ikarus, auf einem anderen Planeten neu anzufangen. Diesmal wollten sie jedoch rücksichtsvoll mit ihrer Umwelt umgehen und die Gesetze der Natur achten. Da die Außerirdischen sehr wissensdurstig waren, erwählten sie den Planeten Merkur zu ihrer neuen Heimat. Auf diesem wurde seit jeher alles Wissen aus unserem Sonnensystem gesammelt, sortiert und eingelagert.

Zu diesen Außerirdischen gehörte auch jener, der den Namen Mercurius Maximus trug. Er galt auf dem Merkur noch als Jüngling, obwohl er schon 1799 merkurische Jahre alt war. Das klingt uralt, doch Merkurianer werden einfach sehr viel älter als Erdlinge. Daher können auch jahrtausendealte Merkurianer noch frisch und jung sein. Außerdem muss erwähnt werden, dass ein merkurisches Jahr nur so lange dauert wie eine Jahreszeit auf der Erde. Jeder Frühling, jeder Sommer, jeder Herbst und jeder Winter auf Erden entspricht jeweils einem ganzen Jahr auf dem Merkur. In anderen Worten: Der Merkur umkreist die Sonne in einem Erdenjahr viermal. So gesehen war Mercurius „nur" 450 Erdenjahre alt.

Nach dem Vorbild seines Großvaters wollte der lindgrüne Mercurius von klein auf Arzt werden. In der Bibliothek wälzte er darum oft stundenlang viele, dicke Bücher. Seine Freunde nannten ihn deswegen scherzhaft „Doktor Medicus". Mercurius wusste nicht genau, ob er sich über den Titel freuen sollte. Nahm ihn aber an, weil er sich nicht ärgern wollte. Das sollten andere tun, wenn sie unbedingt wollten.

Eines schönen Morgens, Mercurius hatte gerade durch sein Fernrohr beobachtet, wie der blaue Planet Erde am merkurischen Himmel aufgegangen war, kam ihm eine fixe Idee. Beim Frühstück – es gab Sternschnuppenkrapfen – eröffnete er seinen Eltern, dass er gerne auf die Erde reisen möchte, um den Erdlingen merkurisches Wissen zu übermitteln. Die Eltern waren entsetzt von der Idee ihres Kindes. Sie untersagten Mercurius, je wieder einen Gedanken an eine Reise zur Erde zu verschwenden.

Doch dieser erwiderte hitzig: „Wie ihr wisst, gilt auf unserem Planeten auch für Kinder und Heranwachsende die Gedankenfreiheit."

„Aber keine Handlungsfreiheit", entgegnete der Vater schroff. „Wir verbieten dir, zur Erde zu reisen. Punkt. Aus. Ende."

Wie alle Eltern wollten sie nur das Beste für ihr Kind. Ihnen gingen entsetzliche Befürchtungen durch den Kopf. Was passiert, wenn die Erdlinge Mercurius entdecken und einen Krieg gegen die Merkurianer entfesseln? Oder wenn sie den armen, kleinen Jungen in einen Kerker bei Wasser und Brot einsperren oder in einem Museum bzw. Zoo zur Schau stellen? Nicht auszudenken.

Die Eltern hofften daher, ihren Sohn vom Unsinn seiner Idee zu überzeugen. Sie meinten, dass das meiste Wissen, das auf dem Merkur eingelagert sei, ohnehin von der Erde käme. Wenn die Erdlinge ihren Kindern dieses nicht weiterreichen würden, wäre es ihre eigene Schuld.

„Aber nicht die Schuld der Kinder!", brüllte ein jetzt nicht mehr ganz so lindgrüner Mercurius. Vor Aufregung hatte sich sein Kopf gallig-gelb verfärbt und seine Augen funkelten gefährlich. „Wenn die Erdlinge nicht wissen, wie man Wissen vermittelt, so ist das Unwissenheit, die man vertreiben muss".

Als dann auch noch Dampf aus seinen Ohren stieg, wurde er von den Eltern gepackt und samt Kleidung in ein Bad mit plutonischen Eiswasser getaucht. Das half den Merkurianern bei den heißen Temperaturen auf ihrem Planeten immer beim Abkühlen. Es rauchte und zischte, als der kleine Außerirdische in das Bad eintauchte. Zwar konnte somit seine Wut gelöscht werden, doch

der Traum von einer Reise zur Erde lebte weiter.

In der folgenden Nacht erwachte Mercurius jäh aus einem tiefen Schlaf. Er hatte von zahlreichen Erdlingen geträumt, die verschiedenste Leiden in allen Farben und Formen hatten. Einige wurden von Bauchkrämpfen, Kopfschmerzen, Schnittwunden oder Prellungen geplagt. Andere kämpften mit unseligen Gefühlen oder schlechten Gewohnheiten. Am Ende des Traums ritzte sich ein kleiner Junge mit einem Messer in den Daumen. Dieser schrie – eher vor Schreck als Schmerz – so laut, dass Mercurius davon aufwachte.

Aufgewühlt von dem Traum konnte der kleine Außerirdische nicht mehr einschlafen. Er schlüpfte aus seiner Schlafwanne und stapfte auf den Balkon. Dort wandelte er zunächst unruhig auf und ab. Schließlich setzte sich Mercurius an sein Fernrohr und blickte hinauf zur Erde. Als er das Bild scharf gestellt hatte, erkannte er ein großes, rosarotes Haus. Er zoomte durch das Küchenfenster und sah einen kleinen Jungen, der seinem Vater freudenstrahlend beim Aufräumen half. Gerade hatte der Junge ein schmutziges Brotmesser in die Hand genommen, da passierte es schon: Das Messer entglitt. Der Vater riss den Mund weit auf, vermutlich um eine Warnung auszustoßen. Doch die kam zu spät. Beim Versuch, das fallende Messer zu fangen, ritzte sich der Erdenjunge in den Daumen. Sein Blick verfinsterte sich wie ein blauer Himmel, der ganz unverhofft von dunklen Regenwolken durchzogen wird und die dahinterliegende Sonne vergessen macht. Aus den Augen des Jungen verschwand der Glanz von vor wenigen Minuten vollständig. Das Lächeln fiel aus seinem Gesicht und schien auf dem gekachelten Küchenboden in tausend Scherben zu zerspringen. Wie sein Vater riss der Erdenjunge seinen Mund weit auf. Dann begann er, bitterlich zu weinen.

Mercurius Herz erfuhr ein Reißen und Stechen, so stark, dass er auf dem Balkon zu Boden sank. Mit dem Rücken an die Hauswand gelehnt, saß er regungslos da und hielt sich die Hand an die Brust.

Während sein grünes Herzchen laut und aufdringlich pochte, war der kleine Außerirdische wie zu plutonischem Eis erstarrt.

Schließlich kam Mercurius aber wieder zu Kräften. Er rappelte sich vom Boden des Balkons auf und stürmte in sein Zimmer. Dort wischte er sämtliche Bücher und Lexika von seinem Schreibtisch, bis er Stift und Papier gefunden hatte. Unverzüglich kehrte er auf den Balkon zurück und schrieb die Koordinaten von der Anzeige des Fernrohrs auf. Danach ging Mercurius zum Kleiderschrank und zog sich seinen Raumanzug an. Den Schmierzettel mit den Koordinaten faltete er sorgfältig zusammen und steckte ihn in die Brusttasche des Anzuges. Mercurius schlich von seinem Zimmer zur Garage. Leise und achtsam, so dass er keinen Lärm machte, öffnete er das Garagentor und glitt auf den Sitz einer Raumkapsel. Er atmete tief ein und aus, dann startete er die Maschine. Jetzt musste alles sehr schnell gehen, denn die Zeit arbeitete gegen ihn. Beim Herausfliegen aus der Garage ertönte immer ein Signal. Von dem würden seine Eltern sicherlich wach werden. Dennoch durfte Mercurius nicht den Kopf verlieren. Mit diesem sieht man nämlich etwas besser, wohin man fliegt, dachte er und versicherte sich mit einer Hand, dass er ihn dabei hatte. Schließlich trat der kleine Außerirdische auf das Gaspedal und verschwand in der dunklen, merkurischen Nacht.

Doch davon erzählt eine andere Geschichte ...

Wie alles begann

Teil 2 - Der gelebte Traum

Nachdem die Raumkapsel lautlos aus der Garage geglitten war, drehte sich Mercurius noch einmal um. Er sah, dass im Schlafzimmer seiner Eltern das Licht anging. Der Rollladen schnellte nach oben. Unser grüner Freund erkannte die Umrisse seines Vaters am Fenster. Schleunigst lenkte er seine Raumkapsel hinter eine Rauchwolke und schaltete den Motor samt Licht aus, um nicht gesehen und gehört zu werden. Mercurius wartete, bis Herr Maximus vom Fenster weggegangen war, bevor er den Motor wieder startete und davon rauschte. Als er außer Sichtweite seines Elternhauses war, kramte er den Schmierzettel aus seiner Brusttasche hervor und übertrug die Koordinaten in das Navigationssystem seines Raumschiffchens. Die Scheinwerfer gingen wieder an und das Flugobjekt nahm Kurs. Im Bildschirm des Navigationssystems blinkte: Planet Erde - Bayerlingen - München - Haidhausen - Rosenheimer Straße 13 ½ - Dachgeschoss.

Der Flug war berauschend. Mercurius flog vorbei an verschiedenen Satelliten, hier und da an etwas Weltraumschrott sowie an dem einen oder anderen Mond und Kometen. Seine Nasenspitze wurde dabei so kalt und blau, dass er die Glaskuppel der

Raumkapsel schließen musste. Es dauerte nicht lange und der kleine Außerirdische erreichte die Lufthülle der Erde. Jetzt rieb sich sein Transportmittel so stark an Luft und Wolken, dass es im Cockpit unerträglich warm wurde. Das tat zwar der eisigen Nase von Mercurius gut, doch die Steuerung des Raumschiffchens drohte zu verglühen. Zum Glück befand sich im Kofferraum reichlich plutonisches Eis. Damit konnte sich unser grüner Freund selbst, aber auch die wichtigsten Bestandteile seines Fluggerätes ausreichend abkühlen.

An Flugzeugen und Zugvögeln vorbei lenkte Mercurius seine Raumkapsel in Richtung Bayerlingen. Bald nun kreiste diese wie ein Adler über der Landeshauptstadt München, ging in den Sturzflug und tauchte in das kühle Nass der Isar. Einige Menschen glaubten, ein Stein sei vom Himmel in den Fluss gefallen. Sie wunderten sich etwas halbherzig und gingen kurz darauf wieder ihren Alltagsgeschäften nach.

Mercurius war von Wasser, Wasser und noch mehr Wasser umgeben. Doch in seinem Augenwinkel konnte er einen Schatten erblicken, der schnell größer wurde. Ein dicker Hecht steuerte auf seine Raumkapsel zu. Unser kleiner Außerirdischer wich dem Fisch in einer geschickten Wendung aus. Sein Transportmittel wurde daraufhin von der starken Strömung der Isar erfasst und ein Stückchen des Weges mitgenommen. Hinter der Brücke am Deutschen Museum spuckte der Fluss die Raumkapsel schließlich im hohen Bogen aus. Noch in der Luft nahm sie ihren ursprünglichen Kurs wieder auf, rauschte durch die Straßen und landete geradewegs im Kaminschacht des Hauses, das Mercurius durch sein Fernrohr gesehen hatte. Zum Glück brannte kein Feuer im Kamin und die Kapsel samt des grünen Männchens gelangte gefahrlos in die Wohnung des Jungen, der sich in den Daumen geschnitten hatte. Obwohl die Blutung schon fast gestoppt war, weinte dieser immer noch bitterlich. Doch als er das Raumschiffchen von Mercurius sah, hörte der Junge auf zu weinen. Sein Unterkiefer fiel nach unten und sein Mund stand offen wie bei einem Fisch. Außerdem schien auch sein Daumen etwas verdutzt, denn er schmerzte nicht mehr.

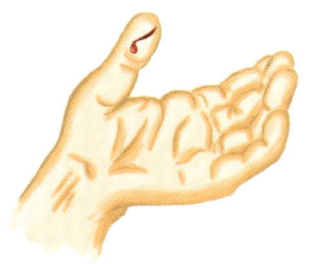

Louis, so hieß der kleine Erdling, hatte zunächst den Eindruck, ein grüner Tischtennisball mit Beleuchtung wäre ihm um die Nase geflogen. Er konnte es kaum fassen, als er bei genauerem Hinsehen ein Gesicht mit drei Augen darin erkannte. Mercurius richtete die Scheinwerfer seiner Raumkapsel auf das Messer, mit dem sich Louis geschnitten hatte. Es war kein Blut daran zu erkennen, aber etwas Schmutz. Blitzschnell schlussfolgerte der kleine Außerirdische, dass auch in der Wunde an Louis' Daumen etwas Schmutz sein könnte. So laut er konnte, rief er aus dem Inneren der Raumkapsel: „Junge, lauf zum Waschbecken und spül die Wunde gut aus!"

Völlig überrumpelt vom Geschrei des grünen Knirps befolgte Louis die Anweisung. Er ging zum Waschbecken und wusch die Wunde an seinem Daumen mit lauwarmen Wasser aus. Gleichzeitig dröhnte es dumpf aus dem Raumschiff: „Habt ihr Jod im Haus?"

Louis' Vater, der dazugekommen war, konnte das grüne Etwas, das ihm wie eine lästige Fliege um den Kopf flog, nur anstarren. Vergeblich suchte er nach einer Erklärung für das, was hier gerade geschah.

„Oder ein anderes Antiseptikum?", hakte Mercurius weiter nach. Doch Louis und sein Vater verstanden nur Bahnhof. „Väterchen, du gehst jetzt bitte in die nächste Apotheke und kaufst einen Wundreiniger", versuchte Mercurius, den älteren Erdling mit einer möglichst tiefen Stimme zu beeindrucken. Doch dieser blieb stehen, als wäre er zu plutonischem Eis erstarrt, und betrachte das kleine, grüne Männchen ungläubig. „Na, ich kann wohl schlecht gehen", spöttelte Mercurius. „Was meinst du, was der Apotheker für Augen macht, wenn ein Außerirdischer in die Apotheke geflogen kommt? Außerdem habe ich kein Erdengeld, mit dem ich bezahlen könnte. Los, Herr Papa, jetzt geh endlich und kaufe ein Antiseptikum!"

„Äh, was?", brachte Louis' Vater endlich hervor. „W ... was

soll ich holen? Ein altes Suppenhuhn?"

Da musste Mercurius lachen. „Ich kann mir nicht vorstellen, dass du in der Apotheke ein altes Suppenhuhn bekommst. Außerdem habe ich meine Zweifel, dass die Wunde damit sonderlich sauber wird. Nein, du sollst ein An-ti-sep-ti-kum kaufen. Ein Mittel, das Bakterien und Keime aus der Wunde wäscht. Aber eines ohne Alkohol, denn der brennt stark in der Wunde."

„Welchen Alkohol soll ich denn nicht kaufen? Kein Bier oder keinen Wein?", stammelte der Vater planlos.

„Papperlapapp, du sollst gar keinen Alkohol kaufen. Frag in der Apotheke einfach nach einem Wundreiniger, Herr Papa."

Dieser nickte folgsam, nahm seinen Hut und verließ das Haus.

„Und bring bitte noch ein paar Pflaster mit", wurde ihm noch hinterhergerufen, als er schon fast aus der Tür war.

Wie alles begann

Teil 3 - Das alte Suppenhuhn im Entenbiotop

„Massiere den Daumen noch ein bisschen. Er sollte erst einmal nicht aufhören zu bluten. Das austretende Blut säubert die Wunder", riet Mercurius, während er mit Louis auf dessen Vater und das Antiseptikum wartete. Gleichzeitig tanzte die Raumkapsel des kleinen Außerirdischen aufgeregt um Louis' Nase. Von links nach rechts, von rechts nach links und im Kreis herum. Dem kleinen Erdling wurde davon so schwindlig, dass er beinahe nach vorne umgefallen wäre. Mercurius lächelte jedoch so wohlwollend, dass man ihm einfach glauben musste. Louis begann darum, seinen Daumen zu kneten. Tatsächlich kamen auch noch ein paar Tröpfchen Blut aus der Wunde.

„Weißt du", erklärte Mercurius, „der Dreck ist gefährlich. Darum habt ihr Erdlinge eine Haut. Sie verhindert, dass Schmutz in euer Inneres gelangt. Die Haut ist wie eine Hauswand. Sie soll Eindringlinge draußen halten. Du bist doch hoffentlich gegen Tetanus geimpft?"

„Welche Nuss?", fragte Louis. „Ich habe eine Allergie gegen Erdnüsse."

„So ein unsinniger Unsinn", meinte Mercurius, „Tetanus ist

doch keine Nuss, sondern eine Krankheit. Sie wird auch Wund-starrkrampf genannt. Bist du denn dagegen geimpft?"

Louis wusste es nicht.

„Hast du all deine Impfungen bekommen?", erkundigte sich sein Gegenüber.

Der Erdenjunge nickte.

„Dann ist gut. Weißt du, der Wundstarrkrampf ist sehr gefährlich. Er wird durch das Tetanus-Bakterium übertragen, welches überall auf eurem Planeten vorkommt. Es lebt in der Erde und im Schmutz – auch in deinem Garten. Wenn Schmutz in eine Wunde gerät, nicht ausreichend ausgewaschen oder durch ein Antiseptikum unschädlich gemacht wird, kann sich das Bakterium dort vermehren und ein Gift herstellen."

„Und was macht dieses Gift?", wollte Louis wissen.

„Das Gift heißt Tetanustoxin und lähmt die Muskeln. Man kann sich nicht mehr bewegen und bekommt kaum mehr Luft. Du kannst dir vorstellen, dass das eine heikle Lage ist."

Louis wurde kreidebleich. Schnell versuchte Mercurius, ihn wieder zu beruhigen.

„Keine Angst, du bist geimpft. Dir kann nichts passieren. Du solltest nur aufpassen, dass sich die Wunde nicht infiziert."

„Wie kann sich denn eine Wunde frisieren?", fragte Louis interessiert.

„Doch nicht frisieren", lachte Mercurius „ ... infizieren. Das sagt man, wenn der Körper von Bakterien angegriffen wird. Eine infizierte Wunde wird dick und rot wie ein Feuerwehrauto. Sie pocht und tut weh. Wenn das passiert, dann brauchst du ein Antibiotikum."

„Was ist denn ein Entenbiotopikum?"

Jetzt konnte sich Mercurius nicht mehr auf seinen dünnen Beinen halten. Vor Lachen krümmte er sich auf dem Boden seiner Raumkapsel.

„Haha, ein Entenbiotop, das ist lustig! Ein Antibiotikum hat aber mit Enten rein gar nichts zu tun. Es ist eine Medizin gegen Bakterien."

„Was sind Bakterien?", erkundigte sich Louis weiter.

„Bakterien sind winzige Tierchen, die überall vorkommen und leben. Sie sind kleiner als ein Sandkorn. Man kann sie nur unter einem Mikroskop sehen."

Das konnte Louis nicht glauben. „Nee", sagte er, „red doch keinen Quark! Tierchen, die man nicht sehen kann, gibt es nicht!"

„Gibt es wohl!", erwiderte Mercurius mit fester Stimme. „Bakterien sind zwar winzig, aber gerade deswegen können sie sich in einer Wunde einnisten und das Fleisch entzünden. Normalerweise passiert das nicht. Wenn aber eine verwundete Körperstelle rot wird, weh tut und man Fieber bekommt, muss man zum Arzt. Der wird entscheiden, ob man ein Antibiotikum braucht. Vielleicht muss er die Wunde aber auch ein kleines Stück anritzen, um den Eiter abzulassen."

„Was denn für eine Leiter?"

„Oh man, wenn ich gewusst hätte, dass du so viele Fragen stellst, wäre ich nicht auf die Erde gekommen, Louis", scherzte Mercurius. „Es gibt in einer Wunde keine Leitern und auch keine Enten zum Frisieren. Manchmal sammelt sich aber in ihr eine gelbliche Flüssigkeit, die heißt Eiter. In deinem Blut gibt es weiße Blutkörperchen. Wie Soldaten verhaften und bekriegen sie alles, was nicht in deinen Körper gehört. Wenn die weißen Blutkörperchen im Kampf fallen, entsteht Eiter. Damit sich die Bakterien nicht im Körper ausbreiten, muss dieser dann abfließen können. Dazu wird die Wunde mit einer kleinen Nadel angeritzt. Das tut zwar kurz weh, ist aber sehr hilfreich und notwendig für die Heilung."

„Auweh!", stöhnte Louis.

Doch Mercurius beschwichtigte: „Keine Angst, das wird nicht passieren. Du hast die Wunde gründlich ausgewaschen und dein Vater holt schon ein altes Suppenhuhn."

Jetzt endlich konnte Louis zum ersten Mal herzhaft und befreit lachen, seitdem er sich geschnitten hatte.

„Aber merk dir eins: Messer solltest du in Zukunft in Ruhe lassen", mahnte Mercurius. „Denn Messer, Schere, Gabel, Licht sind für kleine Kinder nicht. Mit Licht ist natürlich Feuer gemeint, denn früher gab es nur Feuer als Licht. Aber das weißt du ohnehin, oder?"

Louis wusste das natürlich nicht, nickte aber.

Dann erzählte Mercurius, woher er kam und dass er durch sein Fernrohr gesehen hatte, wie sich Louis am Daumen geritzt hatte. So lernten sich die beiden allmählich immer besser kennen. Schließlich erschien das grüne Männchen dem Erdenjungen gar nicht mehr so außerirdisch.

Als Louis' Vater endlich von der Apotheke zurückkehrte, brachte er nicht nur Antiseptikum und Pflaster, sondern auch eine Packung Taschentücher und einige Stücke Traubenzucker mit.

„Apotheker sind etwas abergläubisch", scherzte Mercurius. „Sie glauben, dass sobald sie einem Kunden keine Taschentücher oder Traubenzucker anböten, augenblicklich ein Komet vom Himmel auf die Kasse falle und all ihr Papiergeld verglühe."

Der Vater aber verfolgte dieses Gerede nicht weiter. Ohne seinen Mantel auszuziehen, öffnete er die Flasche mit dem Antiseptikum und gab einen Tropfen davon auf Louis' Wunde. Nachdem die Flüssigkeit eingetrocknet war, klebte er zum Schutz ein Pflaster darüber. Danach zog er Mantel und Schuhe aus. Er wollte nun klären, wo dieses grüne Männchen herkam. Er suchte es vergebens. Mercurius war nämlich ebenso unbemerkt verschwunden, wie er gekommen war.

Einen kurzen Augenblick war Louis, als hätte er drei Gestalten draußen vor dem Fenster gesehen. Als er noch einmal hinsah, erkannte er nur noch einen weißen Lichtreflex, der im Dunkel der Nacht verschwand. Vielleicht der Scheinwerfer eines Autos, dachte der kleine Erdling. Er wusste allerdings nicht, dass sein erster Eindruck völlig richtig war. Draußen vor dem Fenster hatten Mercurius' Eltern mit einem Agenten von der äußeren Sicherheit gestanden und nach ihrem kleinen Ausreißer gesucht.

Doch Mercurius war nicht auf den Kopf gefallen. Er hatte geahnt, dass ihn seine Eltern suchen würden. Wahrscheinlich war es ihnen gelungen, ihn über das Navigationssystem seiner Raumkapsel zu orten. Als Louis von seinem Vater verarztet wurde, hatte sich unser grüner Freund klammheimlich wieder in seine Raumkapsel gesetzt und war längst über den Kamin geflohen.

Nachdem er anschließend wieder ins All geflogen war, schloss Mercurius seine drei Augen und ging in sich. Die Begegnung mit Louis hatte bei ihm einen so großen Eindruck hinterlassen, dass sich der kleine Außerirdische ein Herz fasste und einen Entschluss traf.

Doch davon erzählt eine andere Geschichte ...

Ohrenwasser

Nachdem Mercurius vor seinen Eltern und dem Agenten für äußere Sicherheit ins All geflüchtet war, nahm er Kurs auf den Halleyschen Kometen, der gerade zufällig vorbeiflog.

Du willst wissen, was Kometen sind? Kometen sind wie Planeten – nur viel kleiner und mit mehr Ecken. Sie umkreisen die Sonne auf krummen Bahnen und ziehen leuchtende Schweife hinter sich her, die wie brennende Schals im Wind wehen. Einer von ihnen heißt Halleyscher Komet. Er ist nicht nur besonders schnell und heiß, sondern er leuchtet auch sehr grell. Wenn man ihn ansieht, ist man zunächst so geblendet, dass man nichts mehr sehen kann. Das Gute daran war, dass die Verfolger das Raumschiff von Mercurius nicht sehen konnten und unser Freund unbemerkt auf dem Halleyschen Kometen landen konnte.

Um nicht wie eine Wunderkerze am Weihnachtsbaum zu verglühen, kühlte sich Mercurius nach der Landung zunächst mit dem plutonischen Eis aus seinem Kofferraum ab. Danach baute er das Navigationssystem geschickt aus seiner Raumkapsel aus und ließ es dort in einer Kühlbox zurück. Jetzt war der kleine lindgrüne Ausreißer nicht mehr zu orten und konnte unbemerkt mit seiner Raumkapsel abdrehen.

Wie von Mercurius geplant - flogen seine Verfolger blind

vor Eifer dem Kometen und dem Signal des Navigationssystems hinterher. Sofern sie den rasenden Kometen je erreichten, würden sie – wenn überhaupt – nur eine Kühlbox vorfinden. Dann müssten sie mit der Suche nach unserem kleinen Freund von vorne beginnen. Doch bis dahin hatte Mercurius genügend Zeit, um in Ruhe auf den blauen Planeten zurückzukehren und dort heilsames Wissen unter den Erdenkindern zu verbreiten.

Obwohl Mercurius der Meinung war, dass er mit seinen knapp 18 Jahrhunderten schon alt genug war, um selbst auf sich aufzupassen, wollte er seinen Eltern von der Erde aus eine Sternkarte schreiben. Sie sollten sich keine unnötigen Sorgen um ihn machen.

Der kleine Außerirdische nahm also Kurs auf den blauen Planeten. Genauer gesagt flog er wieder Richtung München. Bei seinem ersten Besuch in der bayerischen Landeshauptstadt hatte er im Vorbeifliegen jemanden herzzerreißend weinen gehört. Als er das Haus erreichte, aus dem das Schluchzen kam, musste er entdecken, dass es dort weder einen Kamin noch ein geöffnetes Fenster gab. Wie sollte er dort nur hineingelangen? Er schwebte mit seiner Raumkapsel um das Haus und grübelte von links nach rechts, von rechts nach links, als unverhofft ein Fenster geöffnet wurde. Mercurius blickte in das verheulte und recht verdutzte

Gesicht eines Mädchens.

Stolz wie Oskar wollte sich unser grüner Freund als wandernder Heiler aus dem All vorstellen, als das Mädchen ihn gar nicht liebevoll anraunzte: „Was bist du denn für ein komischer grüner Knilch?"

Mercurius musste sich, in seiner Würde gekränkt, erst sammeln, bevor er selbstbewusst antwortete: „Ich bin Mercurius, der außerirdische Heiler! Mich kennt doch jedes Kind!"

„Nee, ich kenn dich nicht", stammelte das Mädchen. Ihre Stimme zitterte leicht und dicke Tränen liefen wieder ihre Wangen hinunter.

Das erweichte Mercurius' gekränktes Herz.

„Wie heißt du eigentlich? Und warum weinst du denn so?", fragte er und huschte mit seiner Raumkapsel durch das offene Fenster in das Haus. Unser außerirdischer Freund hatte nämlich Angst, dass er draußen gesehen und gehört werden könnte.

„Lena heiß ich. Mir tut mein eines Ohr so weh. Ich habe das Gefühl, es wird gleich etwas platzen. Seit Stunden geht das schon so. Es will einfach nicht besser werden", heulte das Mädchen.

Mercurius wusste Rat.

„Wenn dir das Ohr weh tut, musst du Nasentropfen nehmen", sagte er.

Lena verfolgte die im Zimmer herumschwirrende Kapsel samt Fahrer mit ihren Augen und erwiderte: „Was bist du denn für ein verquerer Quacksalber? Wer Ohrenweh hat, braucht doch

keine Nasentropfen. Er muss natürlich Ohrentropfen nehmen."

„Papperlapapp!", entgegnete Mercurius und stampfte in seiner Raumkapsel so stark mit dem Fuß auf, dass diese gefährlich zu wackeln begann. Um das Gleichgewicht zu halten und nicht herauszufallen, musste er wild mit seinen vier Armen wirbeln.

Gleichzeitig redete er auf Lena ein: „Du brauchst Nasentropfen! Hörst du? Nasentropfen! Nasentropfen! Und dazu ... noch ein paar Nasentropfen! Hast du denn welche?"

„Nee", erwiderte das Mädchen, „aber Mama vielleicht."

Mercurius kramte eifrig mit seinen beiden linken Händen in der Hosentasche.

„Weißt du, Nasentropfen bewirken, dass die Nase abschwillt."

„Was heißt denn abschwellen?", wollte Lena wissen.

„Naja, geschwollen ist etwas, wenn es dick wird. Wenn wieder dünn wird, was dick geworden war, nennt man das abschwellen", erläuterte der grüne Winzling fachmännisch und zog eine kleine Flasche mit einer Gummipipette aus der Hosentasche hervor.

Weil Lena ihn nur verständnislos anschaute, fuhr Mercurius fort: „Die Tropfen bewirken, dass du besser durch die Nase atmen kannst, weil die Schwellung zurückgeht. Nun gibt es bei euch Erdlingen zwischen Nase und Ohr eine Röhre. Man nennt sie Eustachische Röhre oder auch einfach Ohrtrompete. Sie verstopft gern, wenn ihr Schnupfen habt. Dann bekommt das Ohr am anderen Ende der Röhre keine Luft und tut weh".

„Ich bekomme doch keine Luft durch die Ohren", erwiderte Lena ernst, „sondern durch Mund und Nase."

Mercurius tat, als hätte er sie nicht gehört: „Das Ohr muss aber atmen – und zwar genau durch die Eustachische Röhre. Wenn diese aber verstopft, dann gibt es keine Frischluft für das Ohr. Weil darin dann eine Luftleere – auch Unterdruck genannt – entsteht, hast du Schmerzen. Damit die verstopfte Röhre frei wird und wieder frische Luft zum Druckausgleich ins Ohr gelangen kann, brauchst du nun mal abschwellende Nasentropfen."

Seine Ausführungen hatten Lena gar nicht überzeugt, wie Mercurius enttäuscht feststellen musste.

„Aha", näselte das Mädchen, „Frischluft für die Ohren! So einen gequirlten Quark will glauben, wer will. Aber mir tut das Ohr so weh, ich würde alles tun, um den Schmerz loszuwerden. Schaden können die Nasentropfen ja nicht. Also, wenn du willst, dann tropfe mir das Zeug in meine hysterische Röhre."

Mercurius ließ vor Lachen fast sein frisch gefundenes Fläschchen fallen.

„Haha! Hysterische Röhre, das ist gut! Aber ich träufel die Tropfen, wie der Name schon sagt, in deine Nase und nicht in die Eustachische Röhre."

„Na, dann mach mal, wenn du wirklich meinst, dass das hilft. Morgen gehe ich sowieso mit Mama zum Arzt, sobald sie von der Arbeit zurück ist. Den werde ich fragen, was er von der Luftleere und den

Frischluftropfen für die Nase hält", sagte Lena triumphierend.

Damit war das Mädchen bei Mercurius aber an die falsche Adresse geraten. Er erwiderte: „Wenn du kein Fieber hast, musst du deswegen nicht unbedingt zum Arzt gehen. Kann auch sein, dass du ein paar Tage oder Wochen schlechter hörst. Denn wenn keine Luft ans Ohr kommt, dann bildet sich Wasser im Ohr. Das nennt sich Erguss – Paukenerguss, um genau zu sein. Das Wasser sammelt sich nämlich in der sogenannten Paukenhöhle deines Ohres und kommt da erst mal nicht wieder raus. Dir ist doch beim Baden sicher schon mal Wasser ins Ohr gelaufen und danach konntest du schlechter hören, oder?"

Da keine Reaktion kam, fragte Mercurius weiter: „Steckst du nie deinen Kopf in der Badewanne unter Wasser? Wir nennen das auf meinem Planeten ‚einen Tiefseetaucher machen‘."

Lena war baff und sperrte ihre Ohren trotz großer Schmerzen weit auf. Bei der Gelegenheit sprang Mercurius mit einem Satz auf ihre Schulter und beugte ihren Kopf sanft nach hinten, sodass sie zur Zimmerdecke blickte.

„Von deinem Planeten? Woher kommst du denn? Sind eure Badewannen so groß, dass ihr darin wie im Meer tauchen könnt?", wollte das ungläubige, aber nun neugierig gewordene Mädchen wissen.

Mercurius ging darauf nicht ein. Er wollte helfen und hatte keine Zeit zu verlieren. Nicht auszudenken, wenn ihn seine Verfolger nun doch schneller finden, schoss es durch seinen kleinen Kopf.

Daher träufelte er die Tropfen in Lenas Nasenlöcher und ließ sie die Nase hochziehen. Dann fuhr er unbeirrt mit seiner Erklärung fort: „Wenn du dein Ohr in der Badewanne ins Wasser steckst, kannst du nicht hören, was draußen gesprochen wird. Das liegt an dem Badewasser, das dir in den Gehörgang läuft. Alles klingt dann genauso dumpf und leise wie bei einem Paukenerguss. Du hörst aber wieder normal, wenn das Wasser kurz darauf aus dem Ohr fließt. Im Gegensatz dazu kann ein echter Paukenerguss bis zu sechs Wochen dauern. Solange sich der Erguss nicht auflöst, hörst du schlechter. Wenn du aber kein Fieber bekommst, musst du deswegen nicht unbedingt zum Arzt gehen. Hast du denn Fieber?"

„Nee, ich glaube nicht", erwiderte die kleine Lena.

„Du solltest besser mal messen", ermahnte Mercurius. „Wenn du über 39 Grad hast, brauchst du vielleicht doch ein Antibiotikum."

Lena jedoch interessierte sich mehr für den Paukenerguss als für das Fieber und fragte: „Darf ich dann jetzt nicht mehr baden oder tauchen gehen?"

„Wieso solltest du denn nicht baden dürfen?", wollte unser kleiner grüner Heiler wissen.

„Na, weil dann Wasser in mein Ohr läuft und ich einen Erguss bekomme."

Mercurius verstand nun das Missverständnis: „Ach, jetzt weiß ich, was du meinst! Du bekommst aber vom Tauchen keinen

Paukenerguss, liebe Lena. Wenn es regnet, gibt es ja im Hallen-
bad auch keine Überschwemmung, oder? Das Wasser läuft beim
Baden genauso aus deinem Ohr wieder raus, wie es hineingelau-
fen ist. Wenn du deinen Finger ins Ohr steckst, landest du im
Gehörgang. Am Ende dieses Ganges liegt eine dünne Haut, das
sogenannte Trommelfell. Hinter dem Trommelfell liegt die Paukenhöhle, die wiederum über die Eustachische Röhre mit der
Nase verbunden ist. Dank des Trommelfells kann das Badewasser nicht in die Paukenhöhle laufen, umgekehrt aber ein Paukenerguss auch nicht abfließen. Verstehst du, liebe Lena?"

Noch bevor das Mädchen antworten konnte, klingelte Mercurius' Armbanduhr aufdringlich. Es war sein Mercuriophon –
ein persönlicher Alarm, der immer läutete, wenn ein Erdenkind
seine Hilfe benötigte. Zum Glück konnte man ihn darüber auf
dem Merkur nicht orten.

Jedenfalls hatte der kleine Außerirdische auf dem Planeten Erde genug zu tun – das war ihm durch das Läuten seines
Mercuriophons klar geworden. Mercurius gab noch ein paar
geschwinde Ratschläge, wie nicht zu kaltes Essen und Trinken
zu sich nehmen, ein Halstuch tragen und so weiter. Dann sprang
er in seine Raumkapsel und verschwand eilig durch die Brief-
klappe. Lena lief der Kapsel hinterher, blieb vor der Wohnungs-
tür stehen und starrte auf den Briefschlitz, der noch eine ganze
Weile laut klappernd hin und her schwang. Obwohl ihr Ohr –

trotz dieses Lärms – gar nicht mehr wehtat, wünschte sich das Mädchen den kleinen grünen Außerirdischen zurück, der ein so warmes und einladendes Lächeln hatte. Mercurius war jedoch schon wieder unterwegs zu neuen Abenteuern. Aber wer weiß, vielleicht würden er und Lena sich eines Tages wiedersehen ...

Doch davon soll eine andere Geschichte erzählen ...

Zacharias Zuckerzahn

Teil 1 - Quengelqualen und Zähnezwacken

Es war April geworden. Kälte und Schnee wichen Wärme, Sonne und einem blauen Himmel. Sprossen und Knospen brachen durch das nackte Holz von Bäumen und Büschen. Die ersten Blumen blühten. Die karge Landschaft wurde immer bunter. Es war Mercurius' erster Frühling auf Terra – so nannte er den Planeten der Erdlinge. Der kleine Außerirdische war begeistert von der Geburt der bunten Vielfalt der Pflanzen und der Schönheit der Vogelgesänge. Um das Farbenspiel der Natur im Ganzen zu betrachten, rauschte er bei einer Spazierfahrt mit seiner Raumkapsel hoch bis in die Atmosphäre.

Du willst wissen, was die Atmosphäre ist? Sie ist die Lufthülle, die die Erde wie ein Mantel umgibt.

Mercurius wurde bei der Spazierfahrt bewusst, dass es im ganzen Universum keinen schöneren Planeten gab als diesen. Als er aber wenig später über ein Industriegebiet mit großen, rußenden Schornsteinen und einem stinkenden Müllberg flog, war er geschockt, wie achtlos die Menschen mit diesem Geschenk – dem Planeten Erde – umgingen. Während er so vor sich hindachte und sinnierte, vernahm er aus einer nahen Siedlung einen lauten Schrei.

Mercurius ortete den Schrei genau und riss voller Tatendrang das Raumschiff herum. Dann drückte er den Steuerknüppel nach vorne und die Nase seines Gleiters senkte sich nach unten. Das Flugobjekt ging in den Sturzflug. Ihr müsst wissen, ein Schiff – erst recht ein Raumschiff – folgt immer seiner Nase. Wir Erdlinge machen das im Übrigen auch meistens. Wir versuchen, stets unseren Nasen zu folgen, damit wir nicht gegen Straßenlaternen laufen oder rückwärts auf dem Po landen.

Mercurius folgte also dem Wehgeschrei und fand sich schließlich auf einer Parkwiese mit einem Jungen wieder, der ein bisschen aussah wie ein übergroßer Ballon, aus dem etwas Luft entwichen war. In der Hand hatte der Junge einen riesigen bunten Lutscher, den er sich vor Schreck an die Backe hielt. Dadurch verschmutzte und verklebte er sich Haut und Haare. Gleichzeitig glotzte der Junge den kleinen Außerirdischen, der aus dem kugeligen Raumschiffchen stieg, entgeistert an.

Zu erwähnen ist an dieser Stelle, dass die Kapsel eigentlich noch viel kleiner als unser außerirdischer Freund war, er bemerkenswerterweise aber immer wieder in sie hinein schrumpfte. Wie das ging? Keine Ahnung.

Als Mercurius die Raumkapsel verlassen und seine volle Größe wiedererlangt hatte, konnte man auf seiner Brust

ein rötlich schimmerndes Kreuz erkennen, das immer dann erschien, wenn sein Helferinstinkt aufflammte. Die Hand des verdutzten Erdenjungen glitt ganz allmählich von seinem Gesicht nach unten und ließ den übergroßen Lutscher einsam an seiner Backe kleben.

„Was jammerst du denn so? Du weckst mit deinem Geschrei ja die Toten im Himmel. Hals und Haare kann man doch waschen, kein Grund so zu plärren", warf unser kleiner

grüner Außerirdische wenig mitfühlend ein.

„Äh, ich? Wer...? ... Du ...? Zahnweh!", brachte der Junge schließlich hervor.

„Aha, zeig mal her!", befahl Mercurius.

Der Erdling, der offensichtlich noch nicht ganz einordnen konnte, wie ihm geschah, gehorchte und öffnete seinen Mund. Was darin zum Vorschein kam, erinnerte eher an eine bröckelige Tropfsteinhöhle als an ein Gebiss. Die Zähne waren kaum mehr auszumachen – mehr schwarz als weiß, doch überwiegend braun.

„Dein Gebiss sieht ja aus wie ein zerkrümeltes Knäckebrot. Du hast nur noch ein paar braune Zahnstummel im Mund. Ich glaube, du hast in deinen Zähnen mehr Löcher als ein Schweizer Käse", platzte es aus Mercurius heraus, ohne dass er große Rücksicht auf die Gefühle des Erdenjungen nahm. „Es wundert mich kein bisschen, dass du Schmerzen hast. Wie kannst du denn mit diesen Zähnen überhaupt noch kauen, geschweige denn auch nur an Süßigkeiten denken?"

Das sorglose Geplapper unseres kleinen grünen Freundes kränkte den Jungen. Er hatte sprichwörtlich einen so dicken Knoten im Hals, dass er seinen Kummer und Gram nicht mal mehr hinunterschlucken konnte. Stattdessen kullerte eine dicke Träne über seine Pausbacke. Mercurius erkannte daraufhin, dass er sich wie ein Elefant im Porzellanladen benommen hatte, und begann, sich mächtig zu schämen.

Um den Jungen abzulenken, fragte er: „Wie heißt du eigentlich?"

„Zacharias Zuckerzahn", kam als Antwort.

Die Worte waren so dünn, als hätten sie sich zuerst durch den besagten Knoten im Hals schlängeln müssen. Zacharias blickte verlegen zu Boden und erklärte dem fremden Außerirdischen, dass er sich ärgerte und gleichzeitig schämte, so dick zu sein und so hässliche Zähne zu haben. Vor lauter Frust darüber, müsse er immer mehr süße Sachen naschen, denn die ließen ihn für einige Zeit seine schlechten Gefühle vergessen.

„Wenn ich esse", stammelte Zacharias, „bin ich glücklich, besonders bei Süßem. Es beruhigt mich immer ungemein. Doch, weißt du, das Glück wird immer kürzer und flüchtiger, sodass ich mehr und mehr esse, was mich immer dicker macht, was mich wütend macht, was mich hungrig macht, was mich essen lässt, was mich dick macht, was mich ärgert, was mich naschen lässt, was mir Löcher in den Zähnen macht, was mir Zahnschmerzen macht, was mir den Verstand ...‟

„Halt mal auf und hör mal an!", rief Mercurius, der so benommen vom Redeschwall des Jungen geworden war, dass er die eigenen Wörter verdrehte. Außerdem wäre unser außerirdischer Freund vor Schwindel bald rücklings auf den Kopf gefallen, hätte er den Erdling nicht unterbrochen.

Wie ihr aber seht, war Zacharias nicht auf den Kopf gefallen. Er

hatte schon erkannt, dass das Essen von Süßigkeiten sowohl Ursache als auch Folge von schlechten Zähnen, Hüftspeck und Trägheit war.

Der Junge beklagte: „Das ständige Naschen hat mich so schwer und langsam gemacht, dass ich nicht mal mehr bei Ballspielen mitmachen kann und vom Sportunterricht befreit bin. Außerdem fühlt sich mein Kopf so lahm und schwer an, dass ich mich in der Schule nicht richtig konzentrieren kann. Deswegen schreibe ich andauernd schlechte Noten."

„Ja", entgegnete Mercurius, „da hast du Recht. Süßigkeiten zerstreuen den Geist und lenken dich von deinen Problemen ab. Gleichzeitig sind sie aber schlecht für das Lernen und die Konzentration."

Zerstreuung und Ablenkung waren aber gerade das, was Zacharias suchte. Er wollte vergessen, warum er essen musste, warum er bei jeder Bewegung schwitzte, warum er bei der kleinsten Anstrengung schnaufen musste wie Darth Vader, warum er so schlechte Zähne hatte und warum er überhaupt Ablenkung suchte. Er wollte vergessen, dass er kaum Freunde hatte und die Lehrer ihn nicht besonders mochten. Er wollte vergessen, dass er sich hässlich und wertlos fühlte – obwohl er das natürlich nicht war. Und er wollte vergessen, dass er morgens nicht aus dem Bett wollte, da der Schlaf einen noch dickeren Mantel um seine Sorgenfalten legte als das Essen und der Kummerspeck. Schlaf und Essen waren Zacharias' vermeintlich beste Freunde. Wenn er schlief hatte er keine Sorgen. Dann ging es ihm gut.

Leider konnte er nicht immer schlafen. Wenn er nicht schlief, aß er. Doch egal wie viel er aß, tief in seinem Inneren blieb immer ein kleiner Zweifel, dem er nicht entkommen konnte. Es gab eine Stimme, die ihm immer wieder zuflüsterte, dass er mit dem Essen vor seinen Problemen davonlief. Er hoffte jedes Mal, die Stimme mit seinem nächsten Bissen zu ersticken. Doch egal wie viel und wie süß er aß, irgendwie tauchte sie immer wieder auf.

Zacharias hatte die lästige innere Stimme gerade mal wieder mit einem riesigen bunten Lutscher an seiner Magenwand festkitten wollen, als die heftigen Zahnschmerzen begannen. Nachdem er sich dann auch in einer Unterhaltung mit einem kleinen grünen Männchen vorfand, glaubte der Junge, seinen Verstand endgültig im Zuckerrausch verloren zu haben.

Jenes Männchen sprach nun wieder: „Du bist wie eine Katze, die ihren eigenen Schwanz jagt, den sie natürlich nie erreichen kann."

Zacharias schwieg und Mercurius war angeregt, noch mehr Beispiele zu finden: „Du bist wie eine Gans, die sich auf Weihnachten freut und nicht erkennt, dass sie keine Geschenke bekommen wird, sondern eine Füllung. Du bist wie ein Trinker, der trinkt, um zu vergessen, dass er trinkt. Oder wie ein Lamm, das sich im kalten Winter zu den Wölfen legt, um sich dort zu wärmen."

Als der Erdenjunge darauf nur mit einem leerem Blick antwortete, fuhr unser außerirdischer Freund fort: „Das Essen ist

weder dein Freund noch dein Feind. Essen ist Essen. Jeder muss essen. Doch solltest du nicht zu viel essen – schon gar nicht unentwegt. Das Essen – insbesondere von Süßigkeiten – hilft dir zwar kurz über deine Probleme hinweg, doch genauso ist es schuld an diesen. Du lügst dir also in die eigene Tasche."

Von Zacharias kam weiter kein Wort.

„Wenn du willst, werde ich dir helfen, denn ich kann dich gut verstehen", meinte Mercurius, „und außerdem: Ich mag dich."

Jetzt blickte der Erdenjunge auf. Eine dicke Träne kullerte ihm – nicht aus Kummer oder Schmerz, sondern aus Rührung – über die klebrige Wange. Als Mercurius das sah, sprang er mit einem Satz auf Zacharias' Schulter und umarmte dessen Hals. Allerdings wohlweislich auf der Seite, die nicht von dem Lutscher verklebt war.

Von der Umarmung merkte Zacharias allerdings nur wenig, denn unser außerirdischer Freund war ja sehr klein. Doch er verspürte ein so großes Glücksgefühl wie schon lange nicht mehr. Solche netten Worte hatte der Junge seit einer gefühlten Ewigkeit nicht mehr gehört. Seit seine geliebte Großmutter gestorben war, hatte es – bis jetzt – niemanden gegeben, der sich für seine Gefühle interessierte.

Zacharias' Eltern waren oft arbeiten. Wenn sie dann aber mal zu Hause waren, hatte Zacharias zu „funktionieren". Da hieß es dann nur: Mach dies, lass das, du sollst, du musst, jetzt nicht. Obwohl der Junge seine Eltern über alles liebte, war hier kein Raum für Gefühle oder Bedürfnisse.

„Willst du denn, dass ich dir helfe?", fragte Mercurius.

Zacharias schwieg, nickte aber aufrichtig. Dann wischte er sich die Tränen aus dem Gesicht.

„Na gut, zuerst einmal müssen wir deinen Zauberstab entzuckern", meinte der kleine Außerirdische.

Er korrigierte sich aber sofort, als er sah, dass Zacharias wieder guckte wie ein Fragezeichen.

„Was habe ich gesagt? Ich meinte natürlich, dass wir deinen Zuckerstab entzaubern müssen. Am besten du steckst ihn – also ich rede von deinem Lutscher – in den Sand, sodass dir der Appetit daran vergeht."

Der Junge tat, wie ihm geheißen worden war, ließ den verdreckten Lutscher aber nicht aus der Hand. Da musste Mercurius losprusten.

„Haha! Jetzt hast du Dreck am Stecken!"

Nun konnte auch Zacharias nicht mehr. Ein Lachen erhellte sein trauriges Gesicht.

„Du hast so ein schönes Lachen. Wir sollten viel öfter zusammen lachen", stellte Mercurius fest.

Zacharias nickte und freute sich schon auf die weitere Zeit mit seinem neuen Freund, auch wenn dieser noch so klein war...

Doch davon erzählt eine andere Geschichte.

Zacharias Zuckerzahn

Teil 2 - Vom Stoffwechsel zum Wechselstoff

Ein kleiner Springbrunnen plätscherte inmitten des Parks. Darin stand ein steinerner Elf, der mit einem Speer aus Wasser einem hässlichen Lindwurm in den Rachen stach. Zacharias wusch sich an dem Brunnen den klebrigen Schmodder von der einen Wange. Die andere aber säuberte er nicht. Dort hatte er nämlich die Umarmung von seinem neuen Freund erhalten. Die wollte er auf keinen Fall wegwaschen. Es tat so gut, endlich wieder das Gefühl zu haben, dass jemand an ihn glaubte.

Während Zacharias dieses Gefühl genoss und sich wusch, erzählte Mercurius eifrig alles, was man über Zähne und Mundfäule wissen muss: „Wenn du – erstens – etwas Süßes in deinen Mund steckst, bleiben – zweitens – Reste zwischen den Zähnen kleben", fing der kleine Außerirdische an. „Da die Reste – drittens – versauern und vergären, sind sie – viertens – das kleine süße Gift für deine Zähne. Die entstehende Säure in den Zahnritzen macht nämlich – fünftens – die Zahnmäntel weich. Dadurch können – sechstens – Fäulnisbakterien die Zähne anbohren und – siebtens – kleine Löcher hineinfressen. In den Löchern nisten sich diese kleinen Bakterien – achtens – ein und vermehren sich. Das nennt man – neuntens – Karies. Dabei bohren sie sich – zehntens – tiefer und tiefer in den Zahn, bis sie – elftens – auf einen Nerv treffen. Das tut dann – zwölftens – arg weh."

Jetzt unterbrach Zacharias die Ausführungen von Mercurius: „Dann schreist du – dreizehntens – so laut, dass – vierzehntens – ein Außerirdischer vom Himmel fällt und dich umarmt, bis du so glücklich bist, dass dir – fünfzehntens – das Zahnweh ganz egal ist."

„Deswegen ist es – sechzehntens – so wichtig," fuhr unser außerirdischer Freund fort, „dass du dir morgens und abends U N D nach dem Naschen die Zähne putzt. Auf dem Merkur nutzen wir dazu Elektronenstrahlbürsten. Ihr Erdlinge putzt mit diesen altmodischen Zahnbürsten aber auch ganz gut. Davon habe ich mich höchstpersönlich überzeugt. Wichtig ist, dass jeder Zahn von allen Seiten gut geputzt wird. Weil die Bürste jedoch nicht zwischen den Zähnen säubern kann, solltest du dort Speisereste mit etwas Zahnseide entfernen."

Zacharias verstand das nicht. Von Zahnseife hatte er vorher noch nie etwas gehört. Er wollte lieber wissen, welche die beste Zahncreme sei.

Zur großen Enttäuschung des Jungen meinte Mercurius aber: „Erstens: Das Putzen ist wichtiger als Zahncreme und -bürste. Zweitens: Elektrische Bürsten putzen wohl besser als normale. Drittens: Die Zahncreme sollte Xylit enthalten, denn das ist ein ungefähr-

licher Zucker, der süß schmeckt und die Fäulnisbakterien platzen lässt. Viertens: Außerdem sollte in der Zahncreme auch ausreichend Fluorid sein. Das stärkt den Zahnschmelz und behindert die Entstehung von Löchern. Fünftens: Wenn du die Zahncreme aber nicht ausspuckst, sondern runterschluckst, sollte sie kein Fluorid enthalten, denn dieses ist nicht gut für Körper und Nerven."

Bei so viel Gerede um Zähne wurde Zacharias ganz zerknirscht. Er hatte ja kaum mehr welche. Als er Mercurius sein Leid klagte, ahnte dieser, dass es nun an der Zeit wäre, dem Jungen ein paar gute Nachrichten zu überbringen.

„Die meisten deiner faulen Stummel ... "

Bei den Worten musste Zacharias noch einmal schwer schlucken.

„ ... sind noch Milchzähne", fuhr Mercurius fort. „Will heißen, die fallen so oder so – gesund oder krank – bald aus. Denn deine nächsten Zähne stehen schon in der Warteschleife und wollen raus. Da diese noch völlig unbefleckt und vor allem unbezuckert sind, sind sie auch noch gesund und schneeweiß. Aber merk dir: Die ‚zweiten Zähne' sind deine letzten echten Zähne. Daher musst du auf sie wie ein Drache auf seinen Schatz aufpassen. Wenn sie kaputt gehen, wachsen keine mehr nach und du musst teure falsche Zähne tragen. Die musst du nachts herausnehmen und in ein Glas Wasser legen. Dein Opa hat vielleicht solche ‚dritte Zähne'."

„Was kann ich denn machen, damit meine neuen Zähnen nicht kaputt gehen?", fragte Zacharias verunsichert.

„Wenn du jetzt einen Schlussstrich ziehst, dir ab sofort morgens und abends", jetzt wurde Mercurius lauter, „U N D nach dem Naschen die Zähne gründlich von all ihren Seiten putzt, dann bleiben sie schneeweiß glänzend und gesund. Das Zahnfleisch muss übrigens auch gut mit der Bürste massiert werden, da es sich sonst zurückbildet und die Zahnhälse und -wurzeln freilegt. Dadurch werden die Zähne nicht mehr richtig ernährt und angreifbar gegenüber Fäulnisbakterien. Das nennt sich Parodontose und kann später dazu führen, dass die Zähne ausfallen. Also schön das Zahnfleisch putzen. Obendrein gebe ich dir noch einen guten Rat gratis dazu: Wenn du etwas Süßes willst, ohne die Zähne zu schädigen, dann iss etwas mit Birkenzucker – also Xylit. Der ist genauso süß wie Haushaltszucker, macht aber – wie schon gesagt – die Zähne nicht kaputt und lässt dich auch nicht dick werden. Der Birkenzucker hat nämlich nicht einmal halb so viele Kalorien wie herkömmliche Zucker."

Bei dem Gedanken musste Zacharias lachen.

Unnötigerweise fügte Mercurius noch hinzu: „Doch wer zu viel Birkenzucker isst, bekommt leider Dünnpfiff. Ähem... ich meine natürlich Durchfall."

Unser außerirdischer Freund fühlte sich außerdem noch berufen, eine Belehrung über Zucker und Stoffwechsel abzuhalten: „Eigentlich ist es sowieso besser, nicht zu viel Süßes zu essen. Eure Körper können größere Mengen von Zucker nämlich gar nicht verarbeiten. Wir Ärzte sagen dazu verstoffwechseln. Das heißt, der gegessene Zucker bleibt im Blut liegen, weil er nicht verbraucht werden kann. Leider ist zu viel Zucker im Blut schädlich für Nerven und Blutgefäße. Diese sind dann nämlich wie ein kandierter Apfel mit einer Art Zuckerguss ummantelt. Damit das nicht passiert, bildet der Körper das Hormon Insulin. Unter Hormonen sind Botenstoffe zu verstehen, die an bestimmten Stellen des Körpers eine spezielle Wirkung entfalten. Es gibt Tausende von ihnen. Alle haben einen eigenen Namen und eine eigene Aufgabe."

„Und was macht dann dieses Insulinhormon?", wollte Zacharias wissen.

Mercurius erklärte: „Insulin wird bei zu hohem Blutzucker in der Bauchspeicheldrüse gebildet und ins Blut ausgeschüttet. Es bewirkt, dass das Zuviel an Zucker aus dem Blut verschwindet und in Fett- und Leberzellen eingelagert wird. Dadurch wird die wertvolle Energie, die im Zucker steckt, gespart. Energie ist das, was Erdlinge, Tiere, Pflanzen und auch Außerirdische am Leben hält. Wir brauchen sie zum Leben wie ein Auto Benzin zum Fahren.

In den Fett- und Leberzellen wird die Energie gespeichert, damit du auch an Hungertagen genügend davon zum Leben hast. Nur gibt es hierzulande kaum mehr Hungertage und der eingelagerte Zucker wird nicht mehr weniger, sondern immer mehr.

Dadurch werden wir immer dicker und die Leber immer fetter. Das ist natürlich ungesund und kann zu Erkrankungen führen Außerdem steigt leider auch das Risiko, dass du später schwere Krankheiten bekommst.

Des Weiteren wäre es natürlich besser, wir würden die Energie, die wir essen, direkt verbrauchen, anstatt sie im Vorratskeller einzulagern. Denn sonst haben wir zwar volle Keller, aber nichts im Kühlschrank und nichts auf dem Tisch. Will heißen, wir haben für den Augenblick zu wenig Energie für Körper und Geist."

Zacharias fand das interessant und fragte: „Was passiert denn, wenn wir zu viel Süßes essen und dann zu wenig Energie für das Jetzt haben?"

Mercurius wusste die Antwort: „Na, wenn wir zu viel oder zu süß essen, werden wir schlapp und faul. Ihr Kinder werdet dann oft auch albern, fahrig oder zappelig, um euch gegen die Ermüdung zu wehren. Wer aber in der Schule rumalbert und -zappelt, kann nicht so gut aufpassen, stört die anderen Schüler und wird von den Lehrern nicht geschätzt. Außerdem passieren fahrigen Kindern – aber auch Erwachsenen – oft dumme Sachen. Wegen ihrer Unkonzentriertheit lassen sie zum Beispiel Dinge fallen, die sie besser nicht fallen gelassen hätten, oder fallen selbst von Stühlen, Treppen und manchmal sogar von den eigenen Beinen.

Im Übrigen wirken Lebensmittel aus weißem Mehl ähnlich wie

Zucker. Im Körper wird das Mehl schnell in Blutzucker umgewandelt. Dadurch kommt es zu einer vermehrten Ausschüttung von Insulin. Um das zu verhindern, sollte man die Weißmehlprodukte durch faser- und ballaststoffreiche Nahrungsmittel, wie Vollkornprodukte, Obst und Gemüse, ergänzen oder ersetzen. Dadurch wird die Energie nicht eingelagert, sondern kann genutzt werden. Folglich sind Körper und Geist frischer und wacher."

„Was ist denn das für ein Geist?", wollte Zacharias wissen. „Ein Poltergeist, etwa? Oder ein Schlossgespenst?"

„Weder noch", meinte Mercurius sachkundig. „Der Geist ist ein Teil von dir, den man nicht anfassen kann. Er ist deine Aufmerksamkeit – dein Bewusstsein. Er liest deine Gedanken und Träume. Er nimmt deine Umgebung wahr und schmeckt für dich dein Pausenbrot. Der Geist ist eine Art Spiegel in deinem Kopf. Deine Augen, deine Ohren, deine Haut, deine Nase, deine Zunge und deine Gedanken senden Nachrichten an ihn und er spiegelt alles wieder. Der Geist ist eine Art Schaltzentrale in deinem Kopf. Wenn du gut aufpassen kannst, hast du einen klaren Geist. Andernfalls ist er eben trübe wie Milchglas."

„Verstehe ich nicht!", warf Zacharias ein.

„Du hast eben zu viel von dem Zuckerlutscher genascht und deine Gehirnwindungen verklebt", übertrieb Mercurius. „Wenn du, lieber Zacharias, zu viele Teigwaren oder Süßigkeiten isst, werden diese im Darm schnell in Zucker aufgespalten. Der gerät dann ins Blut. Dein Blutzucker schießt nach oben und die Bauchspeicheldrüse bildet Insulin in rauen Mengen. Die Energie aus dem Blutzucker wird in die Fettzellen und in die Leber geschafft. Dadurch fehlt dir der Brennstoff im Körper und in deiner Glühbirne geht das Licht aus. Du hörst zwar meine Worte, allein der Sinn bleibt dir verborgen. Deswegen kannst du dich in der Schule nicht richtig konzentrieren und schreibst schlechte Noten, obwohl du eigentlich klug bist."

Zacharias seufzte.

„Also gib acht, dass du nicht zu viel Zucker oder Teigwaren isst. Auch Limonade oder süße Getränke solltest du meiden, wenn du aufpassen und gute Noten schreiben willst. Besser trinkst du Wasser oder trübe Apfelsaftschorle und isst ein Vollkornbrot mit Aufschnitt oder Rohkost, wie Karotten, Kohlrabi oder Paprika. Wenn du eine süße Zunge hast, dann nasch Äpfel, Birnen oder andere Obstsorten. Die beinhalten zwar Fruchtzucker, aber auch genügend Fasern. Dann bleibt deine Glühbirne hell und klar", belehrte Mercurius.

Unser außerirdischer Freund hatte auch gleich noch eine tolle Idee: „Und jetzt, lieber Zacharias, verschenkst du am besten deine Süßigkeiten an andere Kinder. Die werden dich dafür lieben und du hast gute Zähne, kannst was in der Schule lernen und genießt das Leben. Wie wäre das?"

Zacharias strahlte das erste Mal seit langer, langer Zeit wie

eine Sonne. Der Gedanke gefiel ihm sehr. Er hätte sich das nie zu träumen erhofft. So gern wollte der kleine Erdling mit anderen Kindern herumtollen. Bis jetzt hatte er aber immer nur dumm aus der Wäsche geschaut und sich hinter einem Lutscher versteckt, wenn die Anderen auf dem Bolzplatz am Fußballspielen waren. Wenn er Glück hatte, konnte er Schiedsrichter sein. Aber sein Traum war es, mitspielen zu dürfen. Er malte sich aus, wie er schlank und kräftig werden würde. Die Mädchen würden ihn ansehen, weil er schöne Zähne und Muskeln hätte – und gut roch. Er könnte in der Schule gut aufpassen und die Lehrer würden ihn mögen. Dadurch könnten sich seine Noten verbessern. Alles wäre gut und das Leben schön.

Er genoss den Traum so sehr, dass er keine Süßigkeiten mehr sehen wollte. Er hatte sein traniges und verklebtes Leben mit den ollen Sparhormonen und Fettspeichern satt. Wenn ihm künftig Süßigkeiten angeboten werden, dann wird er den Kopf schütteln und sagen, dass er kein Süßer sei. Aber seine Süßigkeiten verschenken, das wollte er dann doch nicht. Stattdessen warf er sie lieber in die Mülltonne. Kein anderer sollte je erleben, was ihm widerfahren war.

In der folgenden Zeit wurde Zacharias immer beliebter. Alle lernten seine Offenheit, seine Klarheit und sein warmes Herz kennen und schätzen. Bald wurde der Erdling auch dünner. Es dauerte ein bisschen, aber der Speck schmolz allmählich wie

Schnee in der Frühlingssonne. Schließlich war er schlank und rank, aber auch kräftig und muskulös. Außerdem wurden seine Noten besser – sogar im Sport. Doch das Allerwichtigste war, dass Zacharias sich wohl in seiner Haut fühlte.

Dick sein ist ja keine Schande. Sich aber in seiner Haut nicht wohlzufühlen, das ist das Allerschlimmste. Das wollte Zacharias nie wieder erleben müssen.

Der Zahnarzt reparierte ihm nach und nach alle Zähne.

„Zum Glück hattest du noch so viele Milchzähne", meinte er, „und deine neuen Zähne bleiben wie neu, wenn du weiterhin so fleißig putzt. Ich erkenne dein Gebiss nicht wieder. Es ist so schön wie nie zuvor."

Zacharias fühlte sich gut und Mercurius war sehr stolz auf ihn.

„Schön aussehen und gut in der Schule sein können viele", sagte der kleine Außerirdische. „Aber einen müden Zacharias mit schlechten Zähnen und einem tranigen Geist in einen glück-lichen Menschen mit frischer Energie und einem klaren Kopf zu verwandeln, ist etwas ganz Besonderes."

Nur Süßigkeiten mochte Zacharias nicht mehr sehen. Wenn er nur an Schokolade, Gummibärchen und andere Naschereien dachte, fühlte er sich lahm, träge und hässlich. Für kein Geld der Welt wollte er je wieder wie ein Ballon aussehen und vor Zahn-schmerzen so laut schreien, dass Außerirdische vom Himmel fallen.

Der blinde Wurm

Mercurius saß auf einer Schäfchenwolke, ließ die Beine in den blauen Himmel baumeln und machte ein Picknick mit einem Weltenbummler. Diesen hatte er per Anhalter auf dem Rückweg vom Halley'schen Kometen aufgegabelt. Er wollte gerade mit einem intergalaktischen Donnergurgler seine trockene Kehle befeuchten, als seine Armbanduhr läutete. Ein Zeiger sprang aus dem Zifferblatt und wuchs zu einer ellenlangen Pflanze heran, aus deren Spitze eine rote Blüte wuchs. Es musste sich bei diesem Kraut um einen Lippenblütler handeln, denn die Blüte formte sich zu einem Mund und sang in etwas falschen Tönen: „Mercurius, du alter Durstverderber, hör auf zu trinken und flieg in Richtung Berge ... hörst du! Ein Kind in Garmisch leidet unter Bauchgrimmen!"

„Was? Schon wieder Bauchschmerzen", stöhnte Mercurius, „das hatten wir doch neulich erst!" Ohne weitere Widerrede setzte er sich in seine Raumkapsel und zog den Steuerknüppel nach hinten. Das Raumschiffchen rümpfte seine Nase nach oben und folgte ihr in die Luft. So flog es in Richtung Alpen.

Um seinen Patienten – so nennen Ärzte ihre Kranken – genau zu orten, benützte er seinen Morbidometer. Das ist eine elektromagnetische Wünschelrute vom Asteroiden Chiron, die ausschlägt, wenn sie Krankheiten aufspürt. Die Rute führte ihn zu einem alleinstehenden Fachwerkhäuschen mit Garten, wo er mit dem Raumgleiter im Hinterhof landete. Dort nahm er seine Seilpistole und schoss einen Saugnapf an ein Fenster, das halb offen stand. Er zog sich am Seil hinauf und kraxelte vorsichtig durchs Fenster, wobei er achtgab, nicht gesehen zu werden. Schließlich befand er sich in einem Kinderzimmer, in dem ein kleines Bettchen stand. Darin krümmte sich ein wimmernder Junge unter einer Bettdecke: „Auauauauuu, Maaaaama, mein Bauch tut so weh, mein Bauch tut so weh!"

Seine Mutter erwiderte: „Ach Kind, das wird schon, jetzt leg dir die Wärmflasche auf den Bauch und nimm die Aspirintablette, die ich dir vorhin gebracht habe." Bei dem Wort Aspirin wurde Mercurius ganz weiß um die Nase, denn Aspirin sollte man Kindern überhaupt nicht geben. Es kann nämlich die noch wachsende Leber verletzen. Außerdem ist Aspirin, wie auch Ibuprofen und Diclofenac, bei Bauchschmerzen ohnehin die falsche Medizin, da diese Medikamente selbst Bauchschmerzen machen können. Doch der Junge nahm die Tablette ohnehin nicht ein, sondern erwiderte: „Ich will aber keine Wärmflasche, die macht es nur noch schlimmer."

Darauf seine Mutter: „So ein Unsinn, eine Wärmflasche hilft bei Bauchschmerzen, die hat schon immer geholfen. Sie hat mir geholfen, als ich klein war, sie hat meinem Vater und seinen Vatersvätern geholfen. Jetzt sei nicht so stur und leg die Wärmflasche auf deinen Bauch."

„Sei du nicht so stur", konterte der Junge. „Ich will nun mal keine Wärmflasche, die tut mir noch mehr weh, und außerdem ist sie viel zu schwer."

„Die ist doch federleicht; es ist nur wenig Wasser drin ..."

„Aber schweres Wasser", erwiderte der Junge, und seine Mutter seufzte.

Mercurius bemerkte, dass der Junge sich gar nicht mehr richtig rührte. Er lag krumm im Bett und schien jede Bewegung zu vermeiden. Als er schließlich auf die Toilette musste, ächzte er vor Anstrengung beim Aufstehen, ließ sich aber wegen der Schmerzen wieder behutsam ins Bett zurücksinken. Doch er musste ja immer noch aufs Klo, also quälte er sich an die Bettkante und stützte sich schließlich an den eigenen Oberschenkeln nach oben. So kam er gekrümmt zum Stehen. Jeder Schritt schmerzte so sehr, dass er ganz vorsichtig schlich, um jede Erschütterung des Bauches zu vermeiden. Die Treppe runterzugehen, war die reinste Qual. Unten angekommen, schlurfte er ins Bad. Als er fertig war und anschließend die Treppe wieder raufging, tat das auch sehr weh und eine Träne kullerte über seine rote Backe.

Ohne entdeckt zu werden, betrachtete Mercurius das alles aus sicherer Entfernung und dachte sich: Die Backen unter der Träne sind aber arg gerötet, wahrscheinlich hat der Arme ein wenig Fieber. Währenddessen sagte die Mutter:

„Jetzt hab dich nicht so, stell dich gerade hin. Du siehst ja aus wie eine Banane im Wind!"

„Eine Banane hat auch nicht meine Bauchschmerzen. Außerdem sind Bananen auch ohne Wind krumm."

„Wo tut es denn weh?", platzte es schließlich aus Mercurius heraus, der sich nicht länger zurückhalten konnte. Als die Mutter den kleinen grünen Außerirdischen mit dem leuchtend roten Kreuz auf der Brust sah, ließ sie vor Schreck die Wärmflasche fallen. Dabei löste sich der Verschluss, und das warme Wasser plätscherte die Treppe runter. Anstatt sich weiter Gedanken über grüne Gnome zu machen, lief die Mutter die Treppe runter, um einen Putzlappen zu holen. In der Eile des Eifers rutschte sie aus, und ihr Hintern landete mit lautem Platschen in einer Wasserlache. Jetzt musste sich die Mutter mit der auslaufenden Wärmflasche, den Pfützen auf der Treppe und dem nassen Po beschäftigen und nicht mit rot leuchtenden Kreuzritterzwergen. Zum Glück hatte sie sich nicht wehgetan.

Sie hob Wärmflasche und Deckel auf und lief in die Putzkammer. Dabei rief sie: „Ein grüner Knirps, ein grüner Knirps, ist das eins von deinen modernen Spielsachen, Justus?" Denn so hieß der Junge. Er antwortete aber nicht seiner Mutter, sondern Mercurius: „Zuerst tat es mir oben in der Magengrube weh." Er zeigte zwischen die beiden Rippenbögen unter dem Brustbein,

„aber jetzt tut es mehr und mehr unten im Bauch weh ... gleich über dem Bein", fügte er hinzu.

„Auf welcher Seite genau", wollte Mercurius wissen.

Justus sah auf einen kleinen Leberfleck an seiner einen Hand, so konnte er sich nämlich merken, wo welche Seite lag, und sprach: „Rechts."

„Aha, das dachte, ich mir", sagte Mercurius. „Rechts liegt der Blinddarm ... eigentlich ein blind endender Wurmfortsatz des Darms."

Justus war empört: „Was? Ich habe einen Wurm im Bauch? Kein Wunder, dass mir das so weh tut!"

„Wenn du so willst, ja", antwortete Mercurius. „Ein blinder Wurm. Er ist nicht nur blind, sondern auch taub ... und stumm." Er flüsterte schon fast. „Es ist aber kein echter Wurm, wie ein Regenwurm, der übrigens auch blind ist, sondern ein Stück Menschendarm. Normalerweise ist der Blinddarm gar nicht gefährlich, sondern ein Teil von jedem Menschling. Man glaubt sogar, dass er euch hilft, wenn ihr Durchfall oder eine Darmgrippe habt, weil sich dort ein Revier der Blutpolizei befindet. Die bekämpft feindliche Bakterien und Viren. Außerdem hat der Wurmfortsatz immer eine Probe der guten Darmbakterien in sich. Wenn diese bei Durchfall weggespült werden, können sie sich danach von dem Appendix aus wieder über den ganzen Darm ausbreiten. Appendix, so nennen die Ärzte ganz schlau den Blinddarm."

„Appendix ...", wiederholte Justus: „Appendix, Appendix, Asterix und Idefix!"

Doch Mercurius ließ sich nicht ablenken: „Wenn dieser Wurm verärgert wird, irgendwann, irgendwie, entzündet er sich arg und wird so dick, dass er platzen kann. Dann purzeln die Darmbakterien frei im Bauch herum. Das führt zu einer Bauchfellentzündung und schließlich zu einer gefährlichen Blutvergiftung, wenn sie nicht behandelt wird.

Früher, als man noch nicht operieren konnte und keine Antibiotika kannte, sind viele Leute an der sogenannten Seitenkrankheit gestorben. So hieß die Blinddarmentzündung nämlich, als man den Appendixwurm noch nicht kannte. Heute schneidet man ihn einfach raus, und nach ein paar Tagen ist alles, als wäre nichts gewesen. Vermissen wirst du den Blinddarm übrigens nicht, weil wir heutzutage viel weniger Durchfall haben als die Menschen vor Urzeiten. Die haben nämlich häufig verdorbenes Essen gegessen und ständig Durchfall bekommen. Damals war dieser Blindgänger wahrscheinlich viel wichtiger als heute, aber über seine wahre Bedeutung streiten sich die Gelehrten heute noch."

Justus überlegte, wie er seinen „Asterix" wohl verärgert haben könnte, war sich aber keiner Schuld bewusst.

„Tja, das ist fast immer so", erwiderte Mercurius. „Den Grund für Blinddarmentzündungen kann man so gut wie nie finden."

Nun untersuchte er den Bauch von Justus, der sich zwischenzeitlich wieder hingelegt hatte. Bei der ersten Berührung spannte Justus die Bauchmuskeln an.

„Locker lassen", flüsterte Mercurius ihm zu.

„Ich mach ja gar nichts", erwiderte dieser.

„Du spannst aber deine Muskeln an, bist du etwa kitzelig?"

„Nein, das mache ich nicht absichtlich, es tut nur so weh und passiert von ganz allein!"

Mercurius konnte also den rechten Unterbauch gar nicht untersuchen, der Bauch wehrte sich sofort und wurde hart. „Aha", meinte Mercurius, „wie in den Büchern beschrieben, der Bauch spannt und wehrt sich."

Danach drückte Mercurius auf der anderen Seite. Das tat Justus zunächst nicht weh, und der Bauch entspannte sich. Als Mercurius jedoch plötzlich losließ, zuckte Justus vor Schmerz zusammen. „Aha", meinte Mercurius wieder, „genau, wie in den Büchern beschrieben: der linksseitige Loslassschmerz."

Schließlich fasste er dem kranken Jungen soweit ins Ohr, bis sein Arm darin verschwand. Als er die Hand wieder hinauszog, hatte sie sich – zu Justus' Überraschung – rötlich verfärbt. „Wie vermutet", meinte Mercurius, „du hast auch leichtes Fieber. Jetzt bin ich mir sicher: Der Räuber Hotzenplotz würde sagen, du hast eine Blinddarmverrenkung. In Wahrheit aber hast du eine Appendizitis." „Eine WAS?", fragte Justus schrill. „Kann man das rausschneiden und an den Zoo verkaufen?"

„Der Zoo wird sich dafür leider nicht interessieren. Aber rausschneiden muss man es, in einer sogenannten OP. Das ist die Abkürzung für Operation und bedeutet, dass Ärzte etwas reparieren müssen. Dazu musst du zu einem Chirurgen ins Krankenhaus. Ein Chirurg ist ein schneidender Arzt; er macht mit einem sehr scharfen, kleinen Messer einen klitzekleinen Schnitt. Dazu wirst du in Schlaf gelegt. Du weißt doch, so ein blauer Traum, wie bei Janosch, als dem Tiger ein Streifen verrutscht war."

Justus nickte.

„Der blaue Schlaf heißt Narkose, und der Arzt, der ihn dir beschert, heißt Anästhesist."

„Wie? Anna, die isst?"

Da musste Mercurius lachen „Ja, so ähnlich. Anästhesist. Der legt dir einen kleinen Plastikschlauch in eine Ader. Den Pikser davor spürst du kaum, weil du vorher ein Schmerzpflaster bekommst. Das betäubt die Haut. Nach einer Spritze schläfst du ein, und die Narkoseärztin, also die ‚Anna, die isst', gibt dir über den Plastikschlauch ein Schmerzmittel. So hast du einen unbeschwerten, blauen Traum. Der Chirurg macht zwei oder drei Schnitte – jeder so groß wie ein Schlüsselloch – in deinen Bauch. Er sucht den entzündeten Blinddarm und schneidet ihn heraus. Das dadurch entstandene Loch im Darm näht er zu. Die Fäden lösen sich von selbst auf und die einst so gefürchtete

Seitenkrankheit ist dadurch schwuppdiwupp besiegt und überstanden. Nur die Fäden an der Bauchhaut musst du dir nach zehn bis vierzehn Tagen vom Arzt ziehen lassen. Obwohl der Arzt mit einer Schere oder einem Skalpell – so nennt sich das Messer der Ärzte – arbeitet, zwickt es nur etwas, tut aber nicht weh. Er schneidet nämlich nur den Faden und nicht in die Haut. So - und jetzt rufe ich mal den Krankenwagen, damit du endlich zum Chirurgen kommst. Weißt du denn, welche Nummer ich wählen muss?", fragte Mercurius.

„Na, die 112", antwortete Justus, fast schon ein bisschen gelangweilt.

Justus wurde mit Blaulicht ins Krankenhaus gefahren. Der Arzt in der Notaufnahme untersuchte ihn und sagte: „Ich glaube, mein Junge, das müssen wir operieren." „Ich weiß", sagte Justus, „das hat mir das kleine grüne Männchen schon verraten."

„Oh, wir müssen uns beeilen", sagte der Arzt, „der Kleine fantasiert schon im Fieber."

Justus' Mama musste noch einige Papiere unterschreiben, die besagten, dass sie mit der Narkose und der Operation einverstanden war. Dann legte der Arzt dem Jungen eine Kanüle in eine Vene, und während ein Tropf lief, schlief Justus einen schönen blauen Traum. Er träumte, wie der verrutschte Streifen des Tigers begradigt wurde.

Eine Stunde später – das ist so lang wie zwei „Sendungen mit der Maus" – war die Operation fertig. Der kleine, blinde Wurm war raus und schwamm in einem Glasgefäß in einer Flüssigkeit. Schwimmen ist etwas übertrieben, denn bewegen konnte er sich nicht, schließlich war er kein echter Wurm.

Warum dieser „Asterix" so verärgert gewesen war, konnte der Chirurg auch nicht erklären. Wenn sie aber noch länger gewartet hätten, wäre er geplatzt. Dann hätte Justus sicher ein paar Wochen im Krankenhaus bleiben müssen. Wenn man also nicht mehr gerade laufen kann, jeder Schritt schmerzt, oder wenn sich der Bauch auf Druck wehrt, spätestens dann muss man sofort ins Krankenhaus. „Natürlich nicht bei jedem Durchfall", meinte Mercurius, „im Zweifel aber sollte jeder wehe Bauch von einem Arzt gesehen werden."

Justus blieb noch zwei Nächte im Krankenhaus, und seine Mama schlief neben ihm. Die Krankenschwestern und Pfleger waren schrecklich nett und verwöhnten den kleinen Justus nach St(r)ich und Faden. Doch als die Zeit gekommen war, waren beide froh, wieder nach Hause zu dürfen. Eine Woche später war Justus wieder im Kindergarten und ganz der Alte. Nur mit dem Tollen und Fußballspielen, sagte der Arzt, müsse er noch eine weitere Woche warten. Das Beste aber war, dass er nie wieder eine Blinddarmentzündung bekommen konnte, denn jeder Mensch hat nur einen von diesen Würmern. Justus hatte nun keinen mehr, doch den hat er keine Minute vermisst.

Nur Ohrwürmer sollte er in seinem langen Leben noch viele haben. Obwohl die auch blind sind, haben sie noch niemandem wehgetan. Das liegt daran, dass sie nicht stumm sind, und sich früh genug äußern können, wenn ihnen etwas nicht passt. Genauso sollten sich auch Kinder melden, wenn sie sich ärgern, bevor auch ihnen – wie dem stummen Blinddarm – der Kragen platzt.

Der Verschlucker

Es war Frühling geworden und der neu eingetroffene Monat nannte sich Mai. Die Sonne lief sich gerade am Himmel warm, als Mercurius von einem Baum aus die Kinder beobachtete, die sich nach der Schule am Eiswagen versammelten. Ein Erstklässler mit dicker, dunkler Hornbrille hatte sich gleich fünf Kugeln in den buntesten Farben gekauft. Er konnte das Eis gar nicht schnell genug essen, da es an allen Enden begann zu schmelzen, um über seine Hand in den Ärmel zu laufen. Der Junge versuchte vergebens, die unterste Eiskugel trocken zu schlecken, wobei er sich dabei mit der obersten Kugel Stirn und Haare verschmierte. Von dort tropfte das Eis auf seine Brille, so dass er nur mehr aus dem anderen Brillenglas sehen konnte.

Mercurius betrachtete das Treiben amüsiert, als ihm beim Anblick dieses vom Eis verschmierten Jungen siedend heiß Zacharias Zuckerzahn einfiel. Ihr erinnert Euch, Zacharias war ein rundes, einsames Kind, welches sich eine dicke Schicht Kummerspeck angefressen hatte, bis er vor lauter Zucker braune, bröckelige Zähne bekam. Eines Tages bekam er dadurch so heftige Zahnschmerzen, dass er - auf Mercurius Rat hin - den Süssigkeiten abschwor. Daraufhin wurde er rank und schlank. Er hatte Spaß an Sport und Spiel, denn er musste dabei nicht mehr ächzen und

schnaufen, und liebte es seinen Körper in der Bewegung zu spü-
ren. Gleichzeitig fühlte er sich wohl in seiner Haut und gewann
neue Freunde beim Spielen.

Von all dem, aber, wusste Mercurius noch nichts, denn er
hatte Zacharias schon lange nicht mehr gesehen. Beim Anblick
des vom Eis verschmierten Schuljungen hatte sich unser kleiner,
grüner Freund gefragt, wie es Zacharias wohl zuletzt ergangen
war. Ob er wohl immer noch keine Süßigkeiten esse? Ob seine
Zähne ihn noch quälten?

Kurzentschlossen stieg Mercurius Maximus in sein Raumschiffchen,
zog den Steuerknüppel zurück und schoss in Richtung Zuckerzahn.

Zacharias saß gerade mit seinen stattlichen Eltern im Garten beim Spagettiessen. Er hatte Ihnen schon viel von „Mörky" erzählt, denn so nannte er den kleinen Ausserirdischen. Natürlich hatten sie ihm kein Wort geglaubt, sondern seine Erzählungen für blühende Kinderphantasien gehalten. Daher gafften sie nicht schlecht, als tatsächlich ein Winzling in einer Art fliegenden Untertasse angeflogen kam. Nachdem Mercurius gerade das Verdeck seiner Raumkapsel geöffnet hatte und sein Kopf schon überdimensional daraus hervorwuchs, sah es so aus, als käme ein kleiner, grüner, dreiäugiger Kopf auf einem Unterteller angeflogen. Zur allgemeinen Verwunderung öffnete sich auch noch der Mund des körperlos erscheinenden Kopfes und tirilierte ein freundlich-fröhliches: „Hallöle!"

Zacharias hatte gerade eine volle Gabel Spagetti in den Mund geschoben, als er - ob der verdutzten Gesichter seiner Eltern - so laut losprusten musste, dass ihm ein Teil der Nudeln in hohem Bogen aus dem Mund fielen und bei seinem Vater auf der Brille landeten. Dort hingen die Spagetti herunter wie ein Vorhang an einem kleinen Fensterchen. Dazu landeten einige Spritzer der roten Sauce im Gesicht von Herrn Zuckerzahn und ein Tropfen Tomatenmark rutschte von seiner Nase ins Weissbierglas, das vor ihm auf dem Tisch stand. Die rote Sauce zog in dem gelben Bier satte, orange Fäden.

Zacharias brüllte vor Lachen. Dabei legte er seinen Kopf in

den Nacken und kniff seine Augen zusammen. Jetzt fielen die Nudeln zwar nicht mehr aus seinem Mund, aber sie rutschten seinen Rachen hinunter in die Luftröhre. Mit einem Mal erstarrte sein Lachen zu Eis. Seine Luftröhre war mit Nudeln verlegt, so dass er nicht mehr richtig atmen konnte. Zacharias versuchte die Spagetti abzuhusten, doch das gelang ihm nicht, weil er keine Luft mehr in den Lungen übrig hatte. Er bekam es mit der Angst zu tun und griff nach seinem Wasserglas, um etwas zu trinken. Doch Mercurius rief „Nein, nichts trinken!" Im selben Augenblick sprang er mit einem Satz auf den Tisch und trat das Trinkglas vom Tisch auf den Rasen. Er hatte Angst, dass sich Zacharias noch mehr verschluckte. Dann hätte er nicht nur Nudeln, sondern zudem noch Wasser in der Luftröhre, was die Luft sicher noch knapper gemacht hätte. Das Trinken hätte ohnehin nicht geholfen, da das Wasser die Speiseröhre hinunterläuft und die Nudeln in der Luftröhre steckten.

Langsam lief Zacharias blau an. Jetzt war guter Rat teuer. Das Gaffen der Eltern wandelte sich in blankes Entsetzen. Sie guckten ratlos bis panisch, als Mercurius dem Vater zurief: „Schnell, pack deinen Sohn und leg ihn übers Knie, dann klopfe ihm ordentlich hinten auf den Rücken zwischen die Schulterblätter!"

Da erwachte der Vater aus seiner Schockstarre, packte Zacharias hinten an den Trägern seiner Lederhose - denn die

trägt man unter Bayern gelegentlich - hob ihn über den Tisch aufs Knie, und drosch ihm mit voller Wucht auf den Rücken. Fast im gleichen Moment ploppte ein Knäuel Spagetti aus Zacharias Mund und landete im Blumenbeet. Eine Spatzenfamilie beobachtete das Geschehen, und machte sich sofort über die Spagetti her, die sie wahrscheinlich für Würmer hielt. Und Spatzen lieben Würmer,... besonders in Tomatensoße.

Zacharias schnappte nach Luft, holte einen tiefen Atemzug, und rief: „Heh! Das sind meine Nudeln!", kurz darauf bekam er wieder eine rosige Farbe im Gesicht: „Aua! Des hat fei weh getan!"

Doch der Vater erwiderte stumpf: „Sei leise, du Lausa, ‚etz konnst wieda schnauff'n, oda?" „Jo, scho!" meinte Zacharias, „aba ‚etz mog i meina Tella weida essn. Griaß di Mörky. Wia gäd ‚s?"

Mercurius meinte: „Danke, danke der Nachfrage. Mir scheint ich bin gerade noch rechtzeitig gekommen."

„Ach, geh!" meinte Zacharias „Ohne di waarad des jo gar ned east passiad."

Da mussten alle laut lachen.

„Mogst zum Nachtisch noch an Eis?", fragte Frau Zuckerzahn. Doch Zacharias erwiderte: „Na measse, i ess doch koan Zucker mehr, aba oan Apfe kanns du ma gebn. Und fia de Vögl no oan Leffe Spogetti."

Uropa Birnbaum

Teil 1 - Der das Vorne mit dem Hinten verwechselte

Moritz' und Maxims Großeltern waren steinalt oder noch älter, so genau wusste die kleine Maxim das nicht. Obwohl ihre Oma schon so alt war, hatte sie noch einen Vater, der auch noch lebte. Er hieß „Uropa". Mit Nachnamen hieß er „William Haveland", aber alle nannten ihn nur Uropa Willy. Er war natürlich noch älter als steinalt, er war nämlich schon immer da. Davon zumindest war die kleine Maxim felsenfest überzeugt. Deshalb müsste er auch die letzten Dinosaurier noch erlebt haben, meinte sie. Also war er bestimmt hundert oder zumindest tausend Jahre alt.

Dieser Uropa Willy war mittlerweile recht gebrechlich geworden und sein Gedächtnis hatte auch etwas gelitten in den vielen langen Tagen, die er schon hinter sich gebracht hatte. Jedenfalls konnte er sich nicht erinnern, jemals einen Dinosaurier gesehen zu haben, auch wenn Maxim ihn noch so bekniete, er möge sich endlich daran erinnern. Maxim hätte doch allzu gerne gewusst, ob jeder Dino tatsächlich eine andere Farbe hatte, so wie die kleinen Gummidinos in Moritz' Spielkiste, und ob sie auch so quietschten, wenn man sie in den Bauch kniff. Schließlich musste

Uropa Willy versprechen, er würde einmal in dem Tagebuch der verstorbenen Uroma nachlesen, ob da etwas über Laute und Farben der Dinosaurier stünde.

Uropa Willy lebte nicht mehr bei Oma und Opa, sondern in einem Heim für Uropas, Uromas und andere „Urwesen". Einige davon waren sehr lustig. Zum Beispiel der lange Mann, dessen Haare in alle Himmelsrichtungen wuchsen, selbst seine Barthaare. Oder die kurze Frau, die so krumm war wie ein Mühlrad. Sie musste ihren Oberkörper auf einem Hocker mit Rollen abstützen, um nicht auf ihre Füße zu fallen, die sie anschaute, wenn sie geradeaus sah. Ein anderer Urmann aber war nicht nur lustig, sondern auch sehr mutig, fand Maxim, denn er lief Tag und Nacht in seinem Pyjama herum. Dabei trug er weder Socken noch Schuhe und kaute ewig auf ein und demselben Kaugummi. Die kleine Maxim wunderte sich, dass er keinen Ärger mit seiner Mutter bekam, wenn er sich morgens nicht anständig anzog und ohne Schuhe die Wohnung verließ. Jedenfalls ging er barfuß in den Garten, rupfte das lange Schneidegras neben dem Gartenzaun samt Wurzel aus der Erde. Danach kehrte er zurück ins Heim, steckte zwei seiner erdigen Finger in den Mund und zog so lange an dem Kaugummi, bis er ein Stück davon abriss. Das klebte er dann an die Tapete und drückte den Grashalm fest hinein. Das gefiel Maxim sehr, denn nach einer Weile, sah es so aus, als wüchse Gras aus den Wänden. Leider kam bald eine Frau, die zwar nicht seine Mutter war, aber allgemein als „Überschwester" angesehen wurde, oder so ähnlich, obwohl sie sichtbar jünger war als der Mann im Pyjama. Sie schimpfte so lange mit ihm, bis er in den Garten flüchtete. Aber zuvor bewarf er die Überschwester noch mit dem Rest seines Kaugummis. Maxim bewunderte den Mut und Witz dieses Mannes zutiefst.

Ihren eigenen Uropa Willy fanden Moritz und Maxim auch sehr lustig. Dieser fragte sie im Sommer manchmal, ob sie es ohne Mütze und Schal nicht zu kalt hätten. Als es dagegen Winter war, wollte er Moritz Geld geben, damit sich die beiden ein Eis kaufen konnten. Allerdings konnte er sein Geld nie finden. Also wollte er sich etwas von der „Überschwester" borgen, die das aber strikt und empört ablehnte. Morgens fragte er Maxim, ob sie noch nicht müde sei, und abends wollte er endlich seinen Kaffee zum Frühstück. Uropa Willy liebte es nämlich, Dinge durcheinanderzubringen. Zu Maxim hatte er auch schon einmal gesagt, sie wäre seine jüngste und klügste Tochter. Da musste Maxim lachen, aber sie freute sich auch über das Kompliment. Ein andermal nannte er Moritz Maxim, und dann wieder nannte er Maxim Moritz. Schließlich erklärte er, er würde beide jetzt „Morix" nennen, das würde die Sache doch ungemein vereinfachen. „Morix", das fanden die beiden zum Totlachen, und Uropa Willy lachte herzhaft mit.

Nur die Mutter der Kinder ärgerte sich, wenn Uropa solche Späße machte, und schimpfte, dass er alles durcheinanderbrächte. Doch das störte den Uropa zum Glück nicht im Geringsten, sondern er sagte „C'est la vie!", denn er konnte etwas ausländisch sprechen. Die beiden Morixe liebten ihren Uropa über alles.

Früher hatte Uropa Willy noch in seinem alten Haus mit Oma und Opa gewohnt. Doch nachdem die beiden selbst schon alt waren, wurde es ihnen langsam aber sicher zu viel, immer nach Willy zu gucken und ihn zu pflegen. Eines Tages war es dann geschehen: Uropa machte den Backofen an und setzte sich davor, weil er fernsehen wollte. Nachdem ihm das Programm bald zu heiß wurde, ging er auf den Balkon, um sich wieder abzukühlen. Den vermeintlichen Fernseher allerdings ließ er laufen.

Damals hatten Oma und Opa sich sehr über Willy geärgert. Sie beschlossen, ein Pfleger müsse tagsüber auf ihn aufpassen, denn er hätte das ganze Haus abfackeln können. Langsam aber sicher würde er wohl ein bisschen „dement" werden. Damit meinten sie, dass er im Kopf etwas verkalke, weil er alles verwechselte und immer mehr Sachen vergaß. Jedoch Dinge, die schon lange zurücklagen, wusste er, als wären sie erst gestern passiert. Mit Ausnahme der Dinosaurier. An die konnte er sich – zu Maxims grenzenloser Enttäuschung – beim besten Willen nicht mehr erinnern. Wo Uromas Tagebuch lag, wusste er leider auch nicht mehr.

Uropa Willy wollte niemanden zur Last fallen und war deshalb aus eigenen Stücken ins Heim gezogen. Dort gab es viele Pfleger und Pflegerinnen. Uropa Willy aber nannte sie immer seine Schwestern, was insbesondere die Pfleger nicht sehr schätzten, aber gerade deswegen machte es ihm umso mehr Spaß. Meistens entschuldigte er sich aber und nannte sie ehrfürchtig „meine Sanis", denn so nennt man Umgangssprachlich die Sanitäter, die im Rettungswagen Erste Hilfe leisten.

Jeden Sonntag kamen Maxim und Moritz zu Besuch, und jedes Mal fragten sie sich, wie er sie wohl dieses Mal nennen würde. Aber Uropa Willy sagte: „Ach, wisst ihr Kinders, mein Kopp tut nich' mehr so wie in die alten Tage. Mein dicker Schädel is' schon ganz voll Kalk und Stein. Ja mein Kopp is' man so wie'n alter Steinbruch und da fliegen die Steine schon ‚ma durcheinander. Deswegen weiß ich immer nicht, ob Tag oder Nacht is' oder ob Sommer oder Winter und ob ich ein Bub oder ein Mädel bin." Dann lachte er herzhaft, denn das wusste er natürlich schon. „Aber Kinders, da können sich alle noch so drüber ärgern, ich muss da ganz gelassen bleiben. Ich kann es gar nich' ändern, selbst wenn ich mich auf den Kopp stellen und mit den Füßen wackeln würde … aber jetzt, meine Lieben, müsst ihr gehen, denn euer Uropa ist sehr, sehr müde und muss jetzt seine Äuglein schließen, um von Morix und Morix zu träumen."

Uropa Birnbaum

Teil 2 - Wie ein Kartoffelsack beerdigt wurde & dem Uropa Birnen entwuchsen

Eines Sonntags brachten Moritz und Maxim ihren Freund Mercurius mit in das „Ur-ur-ur-ur-heim". Sie hatten ihm alles und viel von ihrem Uropa Willy erzählt, der immer so lustig war und so viel lachte. Nachdem er sein altes Leben glücklicherweise nicht so bitterernst nahm wie all die anderen, erschien er den Kindern als die Ruhe in Person.

An jenem Sonntag aber, als sie Mercurius mitbrachten, war Uropa Willy ganz anders. Zunächst begrüßte er sie herzlich, ganz besonders den kleinen grünen Außerirdischen. Er sagte ihm, er habe schon viele solcher grünen Männer gesehen, die nachts an seiner Zimmerdecke tanzten. Mercurius hörte gespannt zu und erwartete mehr Nachrichten von zu Hause. Doch anstatt seine grüne Geschichte auszuführen, setzte sich Uropa Willy in seinen Lehnstuhl und schwieg bedeutungsvoll. Die drei Freunde schauten sich ungeduldig an und waren bemüht zu verstehen, was in dem alten Mann vor sich ging; doch wagten sie nichts zu sagen und harrten stattdessen der Dinge. Schließlich nahm Uropa Willy drei lange Atemzüge, dann brach er sein Schweigen und sagte mit ernster Miene:

„Wisst ihr, Kinders, ich werde nich' mehr so arg viel älter werden und das geht in Ordnung. Ich kann hier nämlich nich' mehr viel machen: Ich kann nich' mehr tanzen, weil meine Beine nich' mehr so schnell sind wie mein Kopp. Ich kann nich' mehr raus gehen, weil mein Kopp nich' mehr so schnell is' wie meine Beine und mir meine Beine davonlaufen, sodass ich den Weg nicht mehr zurückfinde. Ich kann nich' mehr lange stehen, weil meine Knie ungeduldig werden und wackeln. Und ich kann nich' mehr lange liegen, weil meine Knochen schnell jammern und klagen. Ich hab' kein' Appetit mehr, und wenn ich mal welchen habe, weiß ich nich', was ich esse, weil ich nich' mehr richtig schmecken kann, ob es Salami is' ... oder Salat. Alles schmeckt gleich. Meine Augen sind so schlecht, dass ich nur mehr den Teller erkennen kann und den Becher, aber nich', was drauf is' oder drin. Auch meine Nase hilft mir nich' mehr und hält den Kaffee für Wasser und den Kuchen für Brot. Morgens muss ich so viele bittere Pillen schlucken, dass ich bis zum Frühstück satt bin, und abends muss ich so viele Tabletten nehmen, dass ich eingeschlafen bin, bevor ich alle genommen habe. Auch kann ich keine Bücher mehr lesen oder fernsehen, weil ich so blind und taub bin. Alle müssen mich anbrüllen, damit ich was verstehe, weil meine Ohren sich schon lange von mir verabschiedet haben. Meine Nieren tun's auch nich' mehr, deswegen muss ich dreimal in der Woche für viele Stunden an eine Blutwaschmaschine.

Dort sitze ich dann und gucke Löcher in die Luft, und die Löcher stopfe ich mit alten Erinnerungen."

Uropa Willy schwieg eine Weile. Gerade, als Moritz damit beginnen wollte, ihn zu beschwichtigen, fuhr dieser fort: „Papperlapapp, ich weiß schon, was du sagen willst. Aber es ist, wie es ist, und es ist gut so. Ich bin steinalt ... so alt, dass mein Arzt gesagt hat, er kann mir nicht mehr helfen. Aber ich hätte ein kleines Gewächs, das auf meiner Lunge lebt. Dort hätte diese kleine Pflanze auch schon mal eine Blüte getragen und ihre Samen in meinem Körper verstreut. Jetzt wachsen mehrere kleine Pflänzelein, nicht nur auf der Lunge, sondern in der Leber und in den

Knochen auch. Der Arzt meinte, vielleicht wächst so'n Blümelein auch in mei'm Kopp. Das fände ich gut, so is' mein Steinbruch da oben doch noch zu was nütze. So kann ein Blumengarten draus werden ... oder sogar'n Wald! So is' das halt ... wenn so'n Steinbruch nich' mehr genützt wird, dann übernimmt die Natur, und wächst alles mit Grünzeug zu. Und wisst ihr was? Ich möchte jetzt Platz machen für mein kleines Pflänzelein, denn mit mir is' ja nicht mehr viel los. Aber dieses Pflänzchen könnte doch ein toller Baum werden und Früchte tragen. Pflaumen zum Beispiel oder Äpfel oder vielleicht Birnen. Und weißt du was, kleiner Moritz? Du bist doch der Moritz? Na klar bist du es, das sehe ich doch. Weißt du, wenn ich gestorben bin, dann pflanzt ihr mich am besten in mei'm alten Garten ein und begießt mich mit Wasser. Immer, wenn die Sonne scheint, kommt einer von euch, wenn er Zeit und Lust hat, und gießt mich kräftig. So wird das kleine Pflänzchen in mir wachsen und wer weiß ... eines Tages vielleicht auch Früchte tragen.“

Moritz wurde ganz traurig. Er liebte seinen Uropa über alles. Er brachte zwar vieles durcheinander, aber das war Moritz egal. Er hatte ihn umso lieber und wollte ihn nicht missen. Das sagte er dem Uropa auch, doch der erwiderte: „Ach, sei nich' traurig, mein Kind. Das Leben is' nur geliehen, und wir alle, auch du, müssen es eines Tages zurückgeben. Ich gehe nur dahin zurück, woher ich gekommen bin. Also geh' ich doch eigentlich nach Hause. Ich bin schon sehr gespannt, wie es dort aussieht, denn ich erinnere mich nich' mehr daran. Aber eines weiß ich jetzt schon, die Schmerzen nehme ich nich' mit, die lass' ich in mei'm alten Körper, und die schlechten Augen, Ohren und Nieren auch. Die brauche ich dort nämlich nich', das weiß ich schon jetzt. Nur mein Körper geht, und das ist gut, denn der taugt nichts mehr. Der macht jetz' Platz für das kleine Pflänzelein."

Uropa Willy aber spürte, dass Moritz, Maxim und ihr Freund Mercurius nicht ganz überzeugt und getröstet waren, also fuhr er schnell fort: „Glaubt mir doch, mein Körper geht ... mein Geist geht nich', der bleibt. Der ist ja beweglich, und damit komme ich euch regelmäßig besuchen. So sehen wir uns, wie gehabt, jeden Sonntag wieder. Jeden Sonntag und auch dann, wenn ihr mich ruft. Ihr müsst nur eine Kerze anzünden und an mich denken, dann weiß ich, dass ihr mich sehen wollt. Wenn ich eure Kerze sehe, komme ich kurz vorbei auf 'nen Sprung. Dann können wir miteinander quatschen, so wie jetzt ..."

Nach kurzem Schweigen fuhr Willy fort: „Moritz, du hast mir doch diese komische Geschichte von den Sternenkriegern erzählt, erinnerst du dich?"

„Krieg der Sterne, Uropa! Nicht Sternenkrieger."

„Ja, genau, die Sternenkrieger, jetzt erinnere ich mich wieder. Wie gut, dass ich euch habe, sonst hätte ich auch die Sternenkrieger noch vergessen und auch gar nicht erst kennengelernt." Verschmitzt kniff er ein Auge zu. „In dieser Geschichte war doch dieser alte Mann mit dem komischen Namen, wie hieß der doch gleich? Opi-Wackelopi ... oder so ähnlich."

„Obi-Wan Kenobi", warf Moritz ein und verdrehte die Augen über Uropa Willys Unkenntnis.

„Ja, genau, dieser Kino-Opi kam doch auch nach seinem Tod mit seinem Geist immer wieder auf einen Besuch bei seinem Schüler vorbei."

„Bei Luke Skywalker!", warf Moritz schnell ein, bevor sein Uropa den Namen wieder aberwitzig verdrehte.

„Und so, wie der Kino-Opi-Wackelopi, bleib ich auch bei euch."

„Obi, nicht Opi!"

„Ihr braucht nicht mal eine Kerze, ihr müsst nur die Augen schließen und an mich denken, dann komm ich sofort vorbei ... und kann euch trösten. Wenn ihr traurig seid oder einsam und unverstanden, kann ich euch immer noch trösten und bei euch sein. Wenn ihr wollt, schicke ich euch ab und an mal einen Falken vorbei und winke euch mit seinen Flügeln."

Sie hatten sich noch viel zu erzählen und vergaßen völlig die Zeit, bis sie merkten, dass sie das Abendbrot verpasst hatten.

Moritz und Maxim wurden sehr nervös, weil die Eltern schimpfen würden. Aber Uropa Willy sagte, sie sollten ihren Eltern einen schönen Gruß von ihm sagen, denn sie hätten hier Wichtigeres zu tun gehabt, als so ein popeliges Abendessen. Sie verabschiedeten sich noch lange und versprachen, am nächsten Sonntag wiederzukommen.

Am nächsten Sonntag jedoch kamen sie nicht mehr zu ihm – Uropa Willy war gestorben. Moritz und Maxim waren sehr lange sehr traurig und weinten viele Tränen. Sie hatten Willy sehr, sehr gern gehabt. Jetzt spürten sie schmerzlich, wie sehr sie ihn liebten und vermissten. Immer, wenn sie bei ihrem Uropa gewesen waren, war es, als wäre die Zeit stillgestanden. Er hatte so viel Ruhe ausgestrahlt, als hätte er Wurzeln wie ein Baum, die ihn so gefestigt hatten. Maxim war sogar davon überzeugt, dass er unsichtbare Wurzeln hatte, die bis zum Erdkern gereicht und ihn von dort mit Ruhe, Witz und Gelassenheit versorgt hatten.

Sie glaubte auch felsenfest, dass er jetzt – wo er von ihnen gegangen war – einen Teil seiner Wurzeln mit sich genommen hatte, die ihm weiter Ruhe und Frieden schenkten. Den anderen Teil, meinte sie, habe er bei seinen Pflänzchen gelassen, die in seiner Lunge und in seiner Leber wuchsen. Und die wollte Maxim nun immer gießen, wenn er einmal in seinem alten Garten beerdigt sein würde.

Ihre Eltern, wie auch Oma und Opa, jedoch meinten, er solle besser auf dem Friedhof beerdigt werden – wie alle normalen Menschen. Moritz und Maxim aber hatten darauf bestanden, dass Uropa Willy erstens kein gewöhnlicher und schon gar kein normaler Mensch gewesen sei. Zweitens habe er letzten Sonntag ausdrücklich gewünscht, im Garten begraben zu werden. Das letztere Argument brachte unverhofft den Opa auf ihre Seite. Er meinte, einen Letzten Willen müsse man unbedingt respektieren; ja, man dürfe ihn nicht verwehren. Also war es beschlossene Sache: Uropa Willy mit seinem begrünten Steinbruch im Kopf käme in Omas und Opas Garten.

Nur gab es da noch die Friedhofsbehörde, und die hatte wenig Verständnis für Uropa Willys Letzten Willen. Nachdem sie – trotz aller Argumente – nicht einsichtig war, kaufte Opa kurzerhand einen zweiten Sarg. Den füllte er mit einem großen Sack Kartoffeln und ließ ihn am Tage von Uropa Willys Beerdigung feierlich im Leichenwagen zum Friedhof fahren. Es war ihm zwar etwas mulmig zumute, als alle bei der Trauerfeier unwissend einen Sack Kartoffeln beweinten, doch das war ganz nach dem Geschmack von Uropa Willy, der sich womöglich das Trauerspiel belustigt von einer Wolke aus betrachtete. Der Grabstein mit Willys eingraviertem Namen wurde auf einen Erdhügel gesetzt, unter dem der Sarg mit den Kartoffeln lag. Die Behörde

war sehr mit sich zufrieden, dem alten Willy ihren Willen aufgezwungen zu haben, und betrachtete alles aus sicherer Entfernung.

In derselben Nacht jedoch hoben Opa, Papa und Moritz ein Loch im Garten aus und begruben dort Uropa Willys leblosen Leib bei Nacht und Nebel. Sie schütteten die Grube zu und schworen sich, dass niemals jemand davon erfahren dürfe. Nur die vier Männer: Opa, Papa, Moritz und Uropa Willy. „Und Mercurius", fügte Moritz flüsternd dem Schwur hinzu, ohne dass es die anderen hören konnten. Danach gingen alle erschöpft und zufrieden ins Bett. „Letzter Wille ist Letzter Wille", murmelte Opa, kurz bevor er einschlief.

Immer wenn er Zeit hatte und die Sonne schien, kam Moritz zu Uropas Gartenstück. Dort goss er Uropa Willy. Und tatsächlich ... noch im selben Jahr blinzelte ein kleiner Spross aus der Erde. Daraus wurde bald ein kleiner Baum, der im nächsten Jahr drei kleine Birnen trug. Eine für Moritz, eine für Maxim und eine viel zu große für Mercurius. Die Birnen waren sehr, sehr lecker; sie waren so saftig und frisch wie Uropas Witz und Humor.

Nach wenigen Jahren wurde aus der kleinen Pflanze ein richtiger Birnbaum, und viele Kinder aus der Nachbarschaft kamen, wenn sie Hunger oder Lust auf Birnen hatten. Moritz und Maxim schenkten jedem nur eine. Selber aber aßen sie sich rund und satt. Bei jedem Bissen dachten sie an ihren Uropa, an sein süßes

Wesen und seinen spritzigen Humor.

Sie lehnten sich mit dem Rücken an den Stamm des Baumes und blickten in den Himmel. Manchmal gesellte sich auch Mercurius zu ihnen. Dann schlossen sie ihre Augen und spürten, wie Uropa Willys Atemluft ihre Haare kämmte. Manchmal glaubten sie sogar, seine Stimme hören zu können, besonders dann, wenn sie eine Frage hatten oder mal nicht weiter wussten. Das eine oder andere Mal stand auch ein Falke am Himmel, wenn sie die Augen wieder öffneten, und winkte ihnen mit seinem Flügelschlag. Moritz und Maxim winkten zurück, und alles war gut.

Nur auf dem Grab am Friedhof des Städtchens, wo Uropa Willys Grabstein stand, wuchsen – sehr zum Ärger der Behörde – laufend neue Kartoffelpflanzen nach, und womöglich konnte Uropa Willy sich auch darüber köstlich amüsieren.

Die Wespe

Teil 1 - Wespe, Zunge und Erdbeereis mit Vorgeschmack auf das nächste Buch

Die Augustsonne brannte schonungslos. Es war so heiß, dass selbst die Luft beim Einatmen in der Nase stach. Nicht mal das kleinste Lüftchen sorgte für Erfrischung. Mercurius und der kleine Moritz saßen im Schatten des Zwetschgenbaumes im Garten und tranken Zitronenlimonade aus der Dose. Sie alberten rum und mussten furchtbar lachen, weil sauer nun mal lustig macht. Mercurius erzählte Witze vom Mars und seinen Bewohnern, den Marsianern, denn diese Witze waren die besten, fand Moritz. Gerade als sich jeder eine erfrischende Wassermelonenscheibe in den Mund steckte, hörten sie ein Brummen. „Bzzzzz" machte es und wurde immer lauter. Was war denn das?

Zuerst dachten sie an eine Fliege, die etwas vom Tisch stibitzen wollte. Etwas Mango vielleicht oder ein wenig von der Wassermelone. Aber diese Fliege war groß, schwebte in der Luft wie ein Raumgleiter und erinnerte an ein giftgelbes Zebra mit Flügeln. Dann fiel es Mercurius wie Sternschuppen von den Augen. Das musste eine Wespe sein, von der er in zahlreichen Lexika auf dem Merkur gelesen hatte. Die Lesemaus in seinem dritten Auge erinnerte sich genau an das, was dort stand:

„Die gemeine Wespe ist ein fliegendes Insekt auf dem Planeten Erde und interessiert sich sehr für Fleisch, Früchte, Zuckerwasser und Süßwaren. Anders, als der Name vermuten lässt, ist die Wespe nicht böse. Das Wort ‚gemein' stammt vom Wort ‚allgemein' ab und bedeutet hier ‚gewöhnlich'. Diese gemeine Wespe schätzt dasselbe Essen wie der Menschling, und so kommt es gelegentlich zu Streitigkeiten zwischen diesen beiden

Erdenbewohnern. Die meisten anderen Wespenarten dagegen jagen Insekten oder sammeln Nektar und meiden Erdlinge aufgrund deren Größe und Stärke. Die gemeine Wespe dagegen fürchtet den Menschling kaum."

Die Wespe setzte sich frech an den Rand der Dose und saugte an einem kleinen Tropfen Limonade. Sie tat, als wäre nichts dabei, sich ungefragt mit dem kleinen Moritz das Getränk zu teilen. Moritz allerdings störte das nicht, denn er lauschte gespannt den Geschichten von Mars und Merkur. Genau in diesem Moment krabbelte die Wespe in Moritz' Dose und verschwand. Weil sie nicht mehr zu sehen war, gingen die beiden Freunde davon aus, dass sie weggeflogen war. Als Moritz dem Mercurius die Geschichte von dem Hundehaufen erzählte, der endlich farbig sein wollte, lachten sich beide halb kaputt und nahmen jeweils einen großen Schluck aus ihren Dosen. Dabei landete die Wespe in Moritz' Mund und war darüber nicht besonders entzückt. Denn als sie Bekanntschaft mit seiner Zunge machte, die sie unsanft an den Gaumen drückte, wurde es ihr zu eng ... und zu viel. Sie fuhr ihren Stachel aus und stach ihn in die weiche Zunge, als wäre diese aus Butter. So machte die Zunge ihrerseits Bekanntschaft mit der Wespe und gab Meldung an die aufsteigenden Nervenbahnen: „Schmerzhafter Fremdkörper in Zunge! Bitte um Kommando zum Auswurf!" Die Nerven sind so etwas wie die Telefonleitungen unseres Körpers. Sie übertragen alle Nachrichten an unsere Schaltzentrale im Kopf – das Gehirn. Sie berichten von einer Berührung hier, einem Geräusch dort, einem Geruch hier und einem Geschmack dort. Unentwegt strömen Tausende solcher Nachrichten in unser Gehirn, das dann damit beschäftigt ist, das Wichtigste davon herauszusuchen. Die Zunge, die Augen, die Nase und die Ohren stehen dabei in direkter Verbindung mit dem Gehirn. Sie verfügen nämlich über sogenannte Hirnnerven, die sind so etwas wie eine schnelle Verbindung.

Moritz' Gehirn antwortete prompt: „Selbstverständlich, was fragst du alter Lappen denn so blöd. Muss man denn alles selber machen?! Schmerzhafte Fremdkörper bitte immer unverzüglich ausspucken, und zwar jetzt!" Dieser Befehl ging auf dem schnellsten Weg über die Hotline der absteigenden Hirnnerven zu Mund und Zunge. Schließlich wurde das Insekt ausgespuckt und kraftvoll gegen den Stamm des Zwetschgenbaums geschleudert. Dort prallte die Wespe ab und landete benommen im Gras, wo sie sich kurz sammeln musste, um es dann mit der anderen Seite des Zuckerwassers zu tun zu bekommen: Ihre Flügel waren nämlich komplett verklebt. Sie versuchte sich zu putzen, um die Flügel startklar zu machen. Ihre Absicht war es, schnellstmöglich ihre Schwestern zu warnen, dass hier dreiäugige Froschwesen klebrige Köder ausgestellt hätten, um damit kleine, wespenfressende Menschen zu füttern.

All das passierte innerhalb eines Augenblicks. Der Stich tat furchtbar weh. Moritz schrie vor Schmerz und Schreck, und eine Träne kullerte über seine Backe. Als seine Mutter herbeieilte, um zu sehen, was los war, klang Moritz' Stimme, als hätte er einen Kloß im Hals. Das lag zum einen daran, dass die Zunge von Stich und Schmerz wie gelähmt war. Zum anderen aber war sie so angeschwollen, dass sich die Wörter an ihr vorbeizwängen mussten. Als Mercurius gesehen hatte, wie die Wespe aus Moritz' Mund gepfeffert kam, war er sofort in die Küche gelaufen, hatte mit seinen vier Händen den Griff der Gefriertruhe gepackt und sich mit den Füßen gegen den Kühlschrank gestemmt. So hatte sich das Eisfach geöffnet. Was glaubt ihr, was Mercurius machen wollte? Ihr glaubt wohl, er wollte sich über das Erdbeereis hermachen – oder? Was würdet ihr denn aus dem Eisfach holen? Klar, Eis natürlich! Aber er holte es nicht für sich, sondern für Moritz und dessen Zunge. Denn Eis tröstet über den Schmerz hinweg, betäubt die Zunge und lässt sie wieder abschwellen. Leider war dem kleinen Außerirdischen die große Schachtel mit dem Eis viel zu schwer. Darum packte er sie zusammen mit einem Löffel in das Handtuch, das im Griff des Eisschranks steckte. Dann zog er das Tuch mit dem Eis hinter sich her, als wäre er der Nikolaus mit einem Sack voller Geschenke. Er schleppte das Eis in den Garten zu Moritz, der schluchzend in den Armen seiner Mutter lag. Zwischen den Schluchzern hörte

Mercurius, dass Moritz beim Einatmen röchelte wie Darth Vader aus dem Krieg der Sterne. Das war ein Zeichen, dass er durch den Rachen und die obere Luftröhre schlecht Luft bekam. Also forderte er Moritz auf, das Eis auszupacken und es zu löffeln – denn Kälte wirkt abschwellend. Moritz ließ das Eis auf der Zunge zergehen und diese wurde prompt wieder kleiner. Zudem betäubte die Kälte die Schmerzen. Jetzt konnte er zwar noch schlechter sprechen, bekam aber wenigstens wieder Luft, und weinen musste er auch nicht mehr. Der Stich war schon halb vergessen.

Mercurius aber war noch nicht beruhigt. Darum zog er einen Strohhalm aus seiner Hosentasche. Mit dem blies er seine Hose auf, bis sie so groß war, dass er einen Satellitenempfänger aus der Hosentasche ziehen konnte. Ein Satellitenempfänger ist ein Gerät, mit dem man selbst dann telefonieren kann, wenn man keinen Empfang für ein Mobiltelefon hat. Hier im Garten gab es zwar Empfang, aber Mercurius hatte kein gewöhnliches Handy. Er hatte nur diesen klotzigen Satellitenempfänger dabei. Den brauchte er, um gelegentlich seine Familie auf dem Merkur anzurufen. Er nützte ihn aber nur ausnahmsweise, weil er fürchtete, von den merkurianischen Agenten für äußere Sicherheit gefunden zu werden. Jetzt aber wollte er nicht seine Familie auf dem Merkur anrufen, sondern den Notarzt. Kennt ihr die Nummer der Rettungsleitstelle? Habt ihr 112 gesagt? Prima, denn die 112 ist richtig! Überall in Europa hat man übrigens dieselbe Nummer. Egal, wo man ist ... in Deutschland, Österreich, Schweiz, Frankreich, Italien oder England. Überall erreicht man Feuerwehr und Rettungsdienst über die 112. Also wählte Mercurius 112, es klingelte ... dann klingelte es wieder ... dann klingelte es noch mal, und dann antwortete eine raue, verrauchte Stimme:

„Rettungsleitstelle Pflaumdorf, mit wem hab i des Vergnüng?"

„Ähem, Mercurius Maximus Medicus vom Planeten Merkur", antwortete der kleine Doktor geschwollen.

„Wie meinen???", erwiderte der Mann von der Leitstelle, und bemühte sich hörbar, hochdeutsch zu sprechen. „Habe ich das richtig verstanden? Zum Münchner Merkur? Fahr ma ned, allerhöchstens zum Saturn, wenn's was im Sonderangebot gibt."

„Nein, nein. Wir sind hier bei Familie Zwetschgenbaum in der Holzapfelstraße."

„Wo? In da Holzaugenstraß?"

Mercurius deckte den Hörer des Telefons mit der rechten oberen Hand zu und meinte grinsend zu Moritz: „Tsss... Holzaugenstraße. Ich glaube, der Mann hat Holzohren." Dann sprach er wieder in den Hörer „Was? Nein, nein ... nicht Holzohren. Ich sagte ‚Holzapfelstraße', und zwar in der Nummer 19. Mein Freund Moritz wurde gerade von einer Wespe in die Zunge gestochen!"

„Was? Seine Weste hat ihm in die Lunge gestochen?"

„Nein! Nein! Nein! Der Empfang ist etwas schlecht, wahr-

scheinlich ist wieder dichter Andromedanebel in den Sternen."

„Aha", meinte der Mann in der Leitstelle. „Die Dromedare essen die Beeren, ja, da müsst ihr den Zoo anrufen."

Jetzt hatte Mercurius genug, und er brüllte in den Hörer: „Eine Wespe hat dem Moritz ins Ohr ... nein! ... ich meine, in die Zunge gestochen. Jetzt wird die Zunge immer dicker, er kann schon kaum mehr reden."

„Aha! Ja, sag des doch glei', deswegen brauchst aber ned so schrei'n, i bin doch ned taub... i schick dir sofort an Sanker und an Notarzt vorbei. Welche Hausnummer hast g'sagt? 19? Welcher Stock? Aha, Parterre, ja Garten. Zwetschgenbaam, mir kemman!"

Der Notarzt war unterwegs, und das war gut so, denn die Zunge schwoll schon wieder an. Mittlerweile wurde es Moritz etwas übel, und er wurde blass um die Nase. Mercurius wusste nicht, ob es das Gift der Wespe oder die Nerven von Moritz waren, die ihn so blass werden ließen. Aber so oder so ... Mercurius verlangte, dass sich Moritz hinlegen und die Beine hochlegen möge. Als Moritz meinte, ihm würde noch schlechter, sollte er sich stattdessen auf die Seite drehen – den unteren Arm nach hinten und das obere Bein nach vorne, so, dass sein Gesicht halb ins Gras blickte. „Stabile Seitenlage" nannte man das auf dem Planeten Merkur, wie auch auf Terra. In dieser Körperposition hätte er, wenn er brechen müsste, einen freien Ausgang. „Wer auf dem Rücken liegt, spuckt sich bestenfalls selbst an", fügte Mercurius noch derb hinzu. „Schlimmstenfalls verschluckt er sich daran und bekommt eine Lungenentzündung. Der saure Mageninhalt ist nichts für zarte Lungenflügel." Moritz musste lachen über Mercurius' fehlendes Feingefühl, doch wie durch ein Wunder fühlte er sich dadurch gleich wieder etwas besser.

Zum Glück lief in dem Augenblick der Notarzt mit den Sanitätern durch das offene Gartentor. Moritz' Zunge war schon wieder so geschwollen, dass kaum mehr Platz im Mund war. Er streckte sie dem antrabenden Notarzt zum Gruß entgegen. Er wollte ihn nicht ärgern, sondern ihm den Stich zeigen. Trotzdem musste seine Mutter schwer schlucken. Doch der Notarzt trug es mit Fassung und Humor: „Oh, ist die immer so dick?", wollte er wissen.

Moritz antwortete: „Woll daff ein Witf fein? Ganf beftömmt nöfft! Wonft ift meine Tfunge ganf nohmal groff!" Er konnte nicht mehr klar sprechen, weil die Zunge wieder so dick geworden war. Zum Glück musste er sich nicht übergeben, denn der Ausgang war jetzt doch ziemlich versperrt.

Der Sanitäter gab Moritz etwas Sauerstoff über eine durchsichtige Gummimaske, die er ihm über Mund und Nase zog. Auf Anweisung des Notarztes fügte er der Inhalation noch eine Ampulle – also ein kleines Glasfläschchen – mit Adrenalin hinzu, denn das hält die Atemwege offen. Ein anderer Sani legte Moritz einen Plastikschlauch in eine Ader auf dem Handrücken und spritzte ihm darüber Kortison und zwei weitere Medikamente gegen Allergien, sogenannte Anti-Histaminika. Moritz spürte aber nur den ersten Stich, der nur kurz wehtat. Die Spritzen selbst wurden über den Gummischlauch in der Ader ins Blut gegeben, das spürt man dann nicht mehr.

„Diese Medikamente beruhigen dein Immunsystem", meinte der Notarzt. Als Moritz ihn fragend ansah, erklärte er: „Dein Immunsystem sind deine Blutsoldaten und -polizisten. Die strömen nach so einem Stich in Scharen in deine Zunge, um dort nach Bakterien und Giftstoffen zu suchen. Dadurch schwillt die Zunge stark an. Das Kortison und die Anti-Histaminika sind Hormone, die deinem Immunsystem Entwarnung geben. Sie teilen mit, dass alles in Ordnung ist. Dadurch ziehen die Leukozyten – also die Blutpolizisten – wieder fort. Die Zunge schwillt ab, und du kannst wieder ganz normal atmen und reden.

Das mit dem Eis war eine gute Idee gewesen, fand der Notarzt. Als er Moritz auf die Trage verfrachtete, meinte er, Eis wirke immer abschwellend und habe ihnen viel Zeit verschafft. Sie luden Moritz in den Krankenwagen, und seine Mutter durfte sich neben ihn setzen. Dann fuhren sie ins Krankenhaus, und dort war Moritz in Sicherheit. Doch davon erzählt ein anderes Buch...

Danksagung

Vielen Dank für die Geduld und Opferbereitschaft meiner Frau; aber auch für die Ausdauer meiner Kinder, die sich die Geschichten wieder und wieder angehört haben!

Danke auch an Rudi Vesely, der den Stein ins Rollen brachte.

Hildegard Eilert-Battafarano, Trient
Danke für die Mithilfe und Unterstützung, u.a. beim Ohrenwasser.

„Mercurius" ist eine Sammlung von Gutenachtgeschichten für Kinder von 7-99 Jahren über einen angehenden, ausserirdischen Arzt, der auf einer irdischen Mission ist, Kindern und deren Klein- und Großeltern Wissen über körperliche und geistige Gesundheit zu vermitteln, was ihm bei Zeiten auch mal gelingen mag ...

Der Autor

Dr. med. Max Karner, Jahrgang 1971, ist ein internistischer Chefarzt an einem kleinen Krankenhaus an der hessischen Bergstrasse. Als Familienvater dachte er sich abends Geschichten aus, die auf Wunsch der Kinder von Außerirdischen und Notfällen handeln sollten. Mit dem Ziel das gesundheitliche und medizinische Wissen unter Kindern und in der allgemeinen Bevölkerung auf unterhaltsam humoristische Art zu vermehren, begann er die Geschichten niederzuschreiben.